JACQUES NORMAND

LES
JOURS VÉCUS

(SOUVENIRS D'UN PARISIEN DE PARIS)

PARIS

CALMANN-LÉVY, ÉDITEURS

3, RUE AUBER, 3

LES

JOURS VÉCUS

1103-10. — Coulommiers. Imp. PAUL BRODARD. — 10-10.

JACQUES NORMAND

LES

JOURS VÉCUS

(SOUVENIRS D'UN PARISIEN DE PARIS)

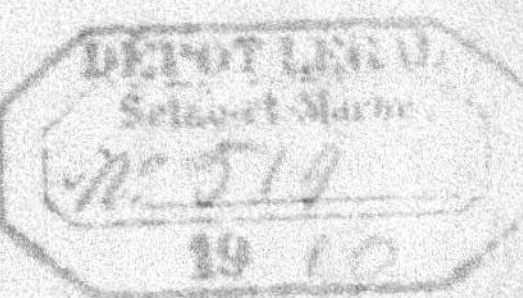

PARIS

CALMANN-LÉVY, ÉDITEURS

3, RUE AUBER, 3

A FRÉDÉRIC MASSON

DE L'ACADÉMIE FRANÇAISE

MON CAMARADE DE 1870 ET MON AMI TRÈS CHER

CE LIVRE EST DÉDIÉ

J. N.

AVANT-PROPOS

Ces pages ont été écrites au cours d'une vie
déjà longue et que rien d'exceptionnel ne mar-
qua. C'est la vie d'un homme qui naquit à Paris;
y fit ses études; y devint tour à tour avocat (si
peu!), archiviste-paléographe (moins encore!),
littérateur (trop peut-être!); fut mondain plus
qu'il ne l'eût voulu et voyageur moins qu'il ne
l'eût souhaité; vit beaucoup de choses, frôla
beaucoup de gens; enfin, comme les camarades
d'ici-bas, connut les joies légères et les pesantes
douleurs...

Un seul événement raya d'un trait profond ce
banal miroir : la guerre de 1870, ou simplement : La Guerre. A ce mot, il semble aux
hommes de mon temps qu'un peuple de souvenirs

s'agite en eux. Ce fut la grande épreuve. Du choc reçu en pleine jeunesse, ils demeurent vibrants jusqu'à leur mort. Qu'on m'excuse si, ancien « moblot » du siège, j'ai trop souvent, en ces lignes, évoqué l'année que Victor Hugo qualifia superbement de terrible.

Puisque — hormis la Guerre — nul événement d'ordre général ne troubla l'évolution de ma simple destinée, à quel idée ai-je donc cédé en réunissant ces courts récits, ces croquis hâtifs où j'ai tâché de fixer les impressions intimes ou pittoresques, sereines ou mélancoliques, éprouvées à telle époque, telle heure, telle minute? C'est qu'à mon avis il suffit à un être humain de raconter exactement des faits personnels, pour intéresser d'autres êtres. Dans le « moi » du narrateur, on retrouve toujours un peu de son propre « moi ». Le : « J'étais là, telle chose m'advint... » est absolu, en sa brève formule. Or j'ai conscience de n'avoir ici rien décrit que je n'aie vu, rien exprimé que je n'aie ressenti. Même à la fantaisie, j'ai donné la vérité pour cadre.

En son précieux cours d'archéologie, à l'École des Chartes, M. Quicherat, professeur admirable, nous répétait souvent :

« *Messieurs, l'Histoire est composée de morceaux... La monographie la plus mince, l'anecdote la plus vaine, le document en apparence négligeable, — tout y peut être employé, pourvu que l'authenticité soit certaine... C'est en assemblant les petites pierres éparses qu'on bâtit le noble, le grand édifice toujours modifiable et toujours inachevé...* »

Puisse ce livre — où j'ai parlé avec sincérité des gens et des choses — compter un jour au nombre de ces humbles petites pierres!

JACQUES NORMAND.

Paris, Octobre 1910.

SOUVENIRS D'ENFANCE
ET DE JEUNESSE

LE PETIT SOLDAT

Souvenirs du jeune âge
Sont gravés dans mon cœur...

Cela se chante à l'Opéra-Comique; cela est vrai dans la vie.

Plus on y avance, en cette vie qu'on s'accorde à trouver insupportable et à laquelle on tient, malgré tout, plus les souvenirs du jeune âge deviennent nets et chers. En vieillissant le cerveau est moins apte à enregistrer les événements du jour même ou de la veille. Il faut parfois un effort pour se rappeler tel fait qui ne remonte cependant pas très haut. Les faits éloignés, par contre, sont incrustés profondément dans la mémoire. Ils y ont pris place, s'y sont logés à jamais. Ils sont là, dans leur coin, comme de très anciens locataires dans une maison familière. Et, avec le temps, ces

locataires semblent des amis, à qui l'on essaie-
rait en vain de donner congé...

.
..

Mon plus lointain souvenir, à moi, est celui
d'un chagrin, d'un gros chagrin. L'épithète
aujourd'hui me semble bien exagérée; mais
tout est relatif, n'est-il pas vrai? et à trois ou
quatre ans!... J'avais alors cet âge qu'on dit
heureux. Nous voyagions en Suisse, mes
parents et moi. La tournée classique : Chamonix, les lacs. De ce voyage, deux choses
seulement restent en ma pensée : le Mont-
Blanc et Genève.

C'est par une claire nuit d'été que nous fîmes
connaissance, le Mont-Blanc et moi. J'étais
avec mes parents dans le coupé d'une dili-
gence, une de ces braves diligences suisses
ornées à l'arrière d'un petit cabriolet où se
tient le conducteur jouant parfois de la trompette. Cette trompette m'avait charmé au
départ. Vers deux heures du matin, je dormais
sur les genoux de ma bonne, quand on me
réveilla pour me montrer le Mont-Blanc.

Avais-je déjà l'âme curieuse? Sans doute, car, ainsi arraché aux douceurs du sommeil, je ne protestai point, comme l'eussent fait beaucoup de mes jeunes contemporains. On me prit sous les bras, on me mit à la portière, et on me dit : « Regarde! »

Sous les rayons opalins de la lune, l'immensité montueuse m'apparut avec ses ondulations blanches et ses rochers noirs. Je levai mon petit doigt avec un dédain absolu et demandai irrespectueusement :

— C'est ça, le Mont-Blanc?

On me répondit que c'était très beau, qu'il fallait admirer, m'extasier. On ajouta que grâce à la pureté de la nuit, on pouvait voir le Mont-Blanc dans tous ses détails.

Cette phrase me frappa. Une bouffée d'orgueil me monta au cerveau. Comment! Moi infime, moi myrmidon, je pouvais voir le colosse « dans tous ses détails! » Mais c'était superbe, cela! très difficile, très méritoire! Aussi quand, au retour, on m' « interviewait » sur mes sensations de voyage en Helvétie, il paraît que je me campais crânement sur mes petites jambes et répondais, fier comme Artaban : « J'ai vu le Mont-Blanc dans tous ses détails ! »

Ah ! mais !

.·.

Le second souvenir, celui de Genève, ne serait sans doute pas resté aussi vivant en moi s'il n'était intimement mêlé à l'histoire de mon petit soldat, lequel petit soldat fut la cause de mon premier grand chagrin.

Il valait bien deux sous, ce petit soldat. On l'avait acheté dans une boutique en plein vent. C'était le soldat classique, en bois blanc, l'arme au bras, figure rose, moustaches noires peintes sur les joues, grand shako à cocarde, tunique jaune bombée et serrée à la taille, pantalon rouge, jambes fixées sur le naïf rond peint en vert que l'on sait. Rien de ces beaux soldats de plomb d'aujourd'hui dont le relief savant donne l'illusion de la vie. Mais, tel quel, je l'adorais. Je négligeais pour lui tous mes autres joujoux. J'avais avec lui d'interminables tête-à-tête pendant lesquels notre intimité était devenue fort étroite.

La chambre que j'habitais donnait à pic sur

le Rhône à sa sortie du lac Léman. Nul n'a pu voir sans les admirer ces eaux rapides et tourmentées. J'étais trop enfant pour en apprécier la beauté, mais je me mettais souvent à la fenêtre et j'y restais longtemps, charmé par ce mouvement perpétuel, par ce bruit monotone et frais des petites vagues entrechoquées...

Un jour, mes parents étant sortis, je me trouvai seul avec ma bonne et mon soldat. L'idée me vint de faire prendre un bain dans le Rhône à ce jeune militaire. Nous étions en été, il faisait très chaud. Cette idée semblait donc logique et prouvait en tout cas un don inné de propreté joint à un bon naturel. Je la communiquai à ma bonne, qui, naturellement, s'y opposa. C'est le sort ordinaire des idées des enfants. On dit toujours non d'abord, pour dire oui ensuite. Ainsi fit la vieille Agathe. Elle m'avait vu naître, et ce spectacle donne droit à toutes les faiblesses.

J'attachai donc mon petit soldat à une longue ficelle, et, retenu à la taille par Agathe, je m'assis sur le rebord de la fenêtre. A travers les barreaux de l'appui, lentement, doucement,

je laissai glisser le militaire tout le long de la
muraille. Auparavant, comme s'il allait partir
pour un voyage ou courir quelque danger,
j'avais eu bien soin de l'embrasser sur ses
moustaches fines.

A peine au niveau de l'eau, le petit soldat
fut saisi, happé, entraîné par le courant. Mais
la ficelle le tenait bien, et moi je tenais bien
la ficelle. Je le voyais aller et venir, de droite
à gauche, de gauche à droite, maintenu dans
le même demi-cercle. Il s'enfonçait un instant,
puis reparaissait, tantôt les pieds en l'air,
tantôt droit, fier, l'arme au bras. Ah! qu'il
était vaillant! qu'il était brave! Comme il
devait s'amuser et comme je m'amusais moi-
même! Pour varier mon plaisir, tantôt je tirais
la ficelle pour que le soldat remontât le courant, tantôt je la lâchais à pleine longueur; et
alors le joujou m'apparaissait tel qu'un point
minuscule, rouge, noir et jaune, dans le mouvement continu des eaux bleues...

Tout à coup, la porte de la chambre s'ouvrit.
Cette porte était juste en face de la fenêtre.
Quelqu'un entra. Je me retournai pour regar-
der, et, dans ce mouvement, la ficelle m'échappa

et mon petit soldat avec. Il tournoya, disparut en un clin d'œil. C'était fini !

Décrire mon désespoir serait chose impossible. J'eus quelques minutes de stupeur muette, bientôt suivie d'une effrayante crise de larmes. Mes parents, rentrés peu après, tentèrent en vain de me consoler. Je ne dînai pas, je ne dormis pas. J'eus la fièvre pendant deux jours. Je répétais sans cesse :

— Où est-il ?... Est-ce qu'on pourra le retrouver ?... Est-ce que personne ne l'arrêtera en route ?... Si on le trouve, est-ce qu'on me le rapportera ?... Il va être mangé par un poisson !... Ça va loin, le Rhône ? Jusqu'à la mer, n'est-ce pas ? Jusqu'à la mer !...

Et ma jeune imagination, cruellement surexcitée, suivait le soldat dans ses pérégrinations lointaines, s'attachait à ce petit rien déjà dévoré par le grand fleuve...

Au bout de quelques jours, j'étais plus calme, mais non consolé encore. Pour faire cesser ma peine, mon excellente mère usa de supercherie.

Elle entra un matin dans ma chambre, à mon réveil, et, mystérieuse :

— Il faut que je t'annonce une bonne nouvelle !

Je m'écriai tout de suite :

— On l'a retrouvé?

— Oui. Le voici ! .

Et elle me tendit un petit soldat identique au
mien, grand shako, tunique jaune, pantalon
rouge...

Je poussai un cri de joie. Je le saisis ardem-
ment dans mes mains... Il me revenait donc,
le chéri, après tant d'aventures, tant de dangers ! Il me revenait intact, superbe, et ce fan-
tastique voyage le couronnait à mes yeux de
l'auréole des héros !

Mais tout à coup ma figure changea, je laissai le petit soldat tomber sur mes draps, et
d'une voix navrée :

— C'est pas lui !... C'est un autre !...

— Comment, pas lui?... Mais regarde
donc !...

— Il n'a pas de moustaches !

En effet, dans son affectueux désir de fournir un « remplaçant » au soldat disparu, ma
bonne mère avait négligé ce détail, et, au lieu
d'un grognard, avait acheté un blanc-bec !

**

D'autres chagrins, plus réels, hélas! sont venus, depuis lors, s'ajouter à celui que me causa la perte de mon petit soldat. Mais j'y ai pensé plus d'une fois, surtout quand soldat moi-même, pendant l'année terrible, je portais un vrai fusil pas en bois et je faisais la guerre pour tout de bon.

LA BALLE AU MUR

Ma mère fut une mère admirable. Je l'ai aimée tendrement comme elle m'aimait elle-même. Tous ceux qui l'ont connue ont apprécié son cœur et son intelligence, son goût si fin et si sûr. Elle fut pour moi d'un encouragement précieux à mes débuts; la moindre petite réussite lui causait une grande joie... Sa perte fut l'immense douleur de ma vie.

Quand on décida de me mettre au collège, on choisit le collège Rollin, qui, à cette époque, se trouvait rue des Postes. C'était un collège « chic » si j'ose ainsi dire. On y éduquait les jeunes gens de bonne famille et — chose rare alors, — chaque élève y avait sa chambre. Mais ce privilège ne commençait, je crois, qu'à partir de la cinquième ou de la sixième. Il n'existait, dans les classes inférieures, que de vulgaires dortoirs. C'est dans le lit étroit d'un de ces dortoirs que je fus installé, dès la première nuit.

Très ému d'avoir quitté mes parents, je ne dormis pas une seconde. Ma pauvre petite âme de gamin souffrait cruellement. Si loin du foyer familial, je me sentais abandonné, perdu...

Dès le lendemain, ma mère vint prendre de mes nouvelles. Elle était aussi émue que moi, la chère femme, plus encore même.

Elle m'interrogea :

— Comment es-tu, mon mignon?... Comment as-tu dormi?...

Je tombai dans ses bras en fondant en larmes.

— Dormi, maman?... pas du tout... J'avais peur, dans ce grand dortoir tout noir... Ce matin, j'ai sauté de mon lit au bruit du tambour... C'est comme ça qu'on nous réveille... et c'est bien de bonne heure, va!... Il y avait encore des étoiles au ciel... Ça m'a donné un coup là, dans le cœur... Ah! maman! maman!

— Mon petit, mon cher petit! Je n'ai pas dormi, moi non plus...

— Pauvre maman !

— Alors, dis, tu es bien malheureux ici?

— Bien malheureux !

— Tu ne pourras jamais t'y faire, n'est-ce pas?

— Jamais.... jamais...

Elle essuya ses yeux et, à mi-voix, comme en elle-même :

— Nous verrons.... nous verrons...

Qu'entendait-elle par là? Je ne le compris pas, je ne cherchai même pas à le comprendre. Elle me quitta en me disant :

— Courage, mon chéri, je viendrai te voir après-demain... Courage !

.

La nuit suivante, je dormis mieux. A mon réveil, je vis encore les étoiles au ciel, mais j'y portai moins d'attention. La journée du lendemain fut pénible encore, mais moins. J'avais fait connaissance avec des camarades; quelques-uns m'avaient plu. La nuit d'après, je dormis comme un plomb. En me levant, je ne regardai même pas les fameuses étoiles et le

roulement du tambour ne me fit plus sauter le
cœur. L'étude du matin se passa bien ; je prenais goût au travail. Puis vint l'heure de la
récréation...

A cette époque, à Rollin, le jeu en faveur
était la « balle au mur ». Ce jeu consistait à
lancer une balle aussi fort que possible contre
le grand mur de la cour. L'opération s'exécutait à l'aide d'une raquette. On était divisé en
deux camps. Quel était leur rôle ? Je l'ai oublié.
Je me souviens seulement que ce jeu m'amusait fort. Je m'y étais montré assez adroit dès
le début ; quelques camarades me firent com-
pliment... Bref, l'amour-propre s'en mêlant,
je me démenais comme un diable, sautant à
droite, à gauche, m'agitant, me trémoussant.
Grâce à quelques coups heureux, mon camp
allait être victorieux, et je me figurais que j'y
étais pour quelque chose, quand un garçon de
salle s'approcha de moi :

— On vous demande au parloir, me dit-il.

Maman ! C'était maman !... Certes, la joie
était grande pour moi, mais comme cela, en
pleine partie !... — Oh ! quelle légèreté d'âme
chez les enfants !

J'arrivai au parloir, rouge, essoufflé, ma raquette à la main.

Maman m'ouvrit les bras. Elle était toute pâle, elle avait pleuré! Sans prendre le temps de m'embrasser :

— Sois content, mon chéri!... Tu étais vraiment trop malheureux... et moi aussi! Nous te retirons du collège et je t'emmène tout de suite...

Je fus content, sans doute, mais un peu abasourdi. Une si belle partie!... Encore deux jours, deux récréations, avec « balle au mur »... et j'étais acclimaté.

.

On me retira donc de Rollin. Il est vrai que j'y revins quelques années après, pour y terminer mes études. Seulement, à cette époque, j'étais dans les « grands » et la balle au mur leur semblait indigne d'eux...

Il était écrit là-haut que je ne jouerais que deux fois à ce jeu-là.

SCRUPULE D'ENFANT

(SOUVENIR DE PREMIÈRE COMMUNION)

> Quand fleurit mai, que l'on dit au long jour,
> Voici là-bas, revenant de la Cour,
> Les Francs de France...

Ainsi commence une jolie chanson du moyen âge : la *Belle Erembor*. Moi, quand fleurit mai, ce n'est pas aux vieux Francs de France que je songe, mais aux jeunes premiers communiants. C'est à cette époque, en effet, à moins de Pâques trop hâtives, qu'ils parcourent les rues de Paris. Et mon souvenir les revoit, gentils, frisés, astiqués, fiers de leurs vêtements d'un jour, — ce jour que l'on dit être le plus beau de la vie.

Il ne le fut pas pour moi. Non que ma petite âme candide n'ait été très religieusement émue.

J'étais croyant sincère. Le temps a passé, modifiant la naïveté de cette croyance; il n'en a point diminué la profondeur. Si le jour de ma première communion ne fut pas un jour de joie sans mélange, c'est que je fus victime d'un scrupule enfantin dont j'ai souri depuis, mais qui, à la minute même, me tortura cruellement. J'y vois, aujourd'hui, avec le recul des années, un petit cas de conscience curieux. Sous sa forme plaisante, il donne quelque peu à réfléchir.

*
* *

J'avais douze ans. J'étais élève à la pension Crosnier de Varigny — depuis longtemps évanouie — et je suivais les classes du lycée Bonaparte, Fontanes ensuite, maintenant Condorcet. L'instruction religieuse nous était faite par l'abbé Mallet, et c'est à l'église Saint-Louis-d'Antin que nous devions communier.

La veille de la cérémonie, l'abbé, un peu souffrant, ne put quitter son domicile. Force nous fut, à mes camarades et à moi, de nous rendre chez lui, sous la conduite d'un maître d'études. Il occupait, rue de la Pépinière, non loin de la caserne, un appartement donnant sur une cour vitrée et composé de trois pièces : une salle à manger, un salon, une chambre à coucher. Tout cela minuscule, plus que modeste, mais luisant de propreté. Une vieille servante — la servante traditionnelle — nous introduisit dans la salle à manger. Chacun à son tour entrait dans le salon pour se confesser et recevoir l'absolution. Pour ma part, je regardais tout avec un peu de surprise. C'était la première fois que je voyais le logement d'un prêtre. Ma petite imagination se figurait, je ne sais pourquoi, qu'un ecclésiastique n'était pas logé comme les autres hommes et que cet être d'exception devait habiter une chapelle... ou quelque chose d'approchant.

Je revois encore l'abbé Mallet. C'était un homme d'une cinquantaine d'années, court, gros, rouge, avec un long nez toujours barbouillé de tabac. Il avait des pieds énormes, des souliers à fortes semelles, même en été. Quand il nous écoutait en confession, il croisait les mains sur son ventre, fermait les yeux, plongé dans un recueillement que notre malice parisienne qualifiait irrévérencieusement de somnolence. Fort digne homme, au reste, lettré, non sans esprit, très indulgent, professant la théorie qu'en religion il vaut mieux prendre les mouches — ou les moucherons, comme c'était notre cas — avec du miel qu'avec du vinaigre.

Quand ce fut mon tour, j'entrai dans le salon. La porte de la chambre à coucher était entr'ouverte. Du fond de son fauteuil, l'abbé, visiblement enrhumé, me fit signe de me mettre à genoux devant lui, sur un petit carré en mousse de laine verte, avec, au centre, un léopard rouge. En m'agenouillant, je ne fus pas sans remarquer que ce petit tapis avait été distrait, pour l'occasion, de toute une honnête famille de tapis semblables, soigneusement posés, un par un, sur le sol en briques, devant une demi-douzaine de chaises collées au mur.

Ma confession terminée, l'abbé me donna l'absolution, y joignit quelques paroles sur la gravité de l'acte que j'allais accomplir, puis, comme je me relevais :

— ... Et si d'ici à demain, mon cher enfant, vous commettez un péché, même véniel, venez me l'avouer avant la communion. Il importe que vous approchiez de la Sainte Table en toute pureté d'âme. A moins que je ne puisse encore sortir demain, — mais il faudrait que je sois vraiment malade pour ne pas assister à la communion de mes chers enfants, — je serai à l'église, devant mon confessionnal. Quand la pension défilera pour se rendre à l'autel, vous n'aurez qu'à venir à moi et à me parler. Ce sera l'affaire d'une seconde. N'y manquez pas, s'il y a lieu. A demain!

Et nous quittâmes le bon abbé pour rentrer dans nos familles, où nous devions dîner et coucher la veille du grand jour.

* *

J'étais déjà — et je suis resté toujours, — un scrupuleux. Je m'appliquai donc, toute la soirée, à ne rien faire qui fût mal. Respectueux, prévenant, doux, poli à l'excès, je m'efforçai d'échapper aux innombrables péchés que je sentais rôder autour de moi. A dîner, je fus d'une sobriété extrême, par peur d'être gourmand. Après le dîner, je me retins de trop parler, par terreur de quelque parole impie. Ma prière soigneusement faite, je me couchai. Préoccupé du grand événement du lendemain, je dormis mal. Je me levai de bonne heure. On m'habilla. Aidée de ma vieille bonne Agathe, ma chère mère voulut bien s'occuper de ma toilette. J'aimais être bien tenu, bien vêtu, élégant même; bref, j'étais un peu coquet. Les bottines vernies, le pantalon blanc, le gilet à boutons d'or, la veste d'une coupe nouvelle, la cravate immaculée, le brassard de soie : tout cela me ravissait, me causait un plaisir..., que je tâchais de réprimer, craignant qu'il ne fût trop vif. Une fois habillé, frisé, pomponné, on me mena devant une grande psyché que je vois encore.

— Que tu es gentil! me dit maman en m'embrassant.

J'eus l'air de ne pas entendre, redoutant de glisser dans le péché d'orgueil...

Tout avait donc bien marché jusque-là. J'avais échappé victorieusement à la tenta-

tion. A moins d'une fatalité invraisemblable,
je communierais en toute pureté d'âme,
comme l'avait dit l'abbé Mallet. Cette fatalité
arriva...

Dans l'antichambre, au moment de partir,
maman me dit :

— Mets tes gants !

Je les revois, ces gants. Ils étaient blancs, en
peau, avec des boutons de nacre. Agathe les
avait achetés la veille, chez Jouvin. On avait
même — il m'en souvient — discuté assez
longuement sur ma pointure. Je mets le premier gant. Il est bien un peu juste, mais ça va
tout de même. J'introduis mes doigts dans le
second, je tire... Crac!... Dans toute la longueur, sur le dessus, entre les doigts et le
poignet, une énorme déchirure !

Un mouvement d'impatience me prend, je
perds la tête :

— Sacristi ! m'écriai-je en frappant du
pied.

Le mal était fait, la faute commise, le péché
consommé!... le double péché, même... Ne
me suis-je pas mis en colère et n'ai-je pas
juré?...

— Ce n'est rien, mon chéri! me dit maman. On va le recoudre...

Mon gant! Je me souciais bien de mon gant!... Le terrible, l'effrayant, c'était que j'avais péché, et que, à tout prix, avant de communier, il fallait me confesser à l'abbé Mallet, sinon... Ah! l'épouvantable perspective!

**

Dans la voiture, en allant à Saint-Louis-d'Antin, une idée me traversa la tête. Si je ne trouvais pas l'abbé?... Il était souffrant, hier. Serait-il mieux, aujourd'hui?... Il s'était bien promis de faire l'impossible pour venir, le brave homme... Mais le pourra-t-il?

— Qu'as-tu donc? me demanda maman.

— Oh! rien..., rien..., l'émotion....

Je me retournais pour ne pas fondre en larmes...

Enfin! nous entrons à l'église. J'aperçois mes camarades. Je me joins à eux. Avant de nous rendre à nos places, nous attendons cinq minutes... une éternité!... Nous voici assis sur nos chaises. Mes yeux vont désespérément à l'endroit où l'abbé m'a dit que je le trouverais, devant son confessionnal... Personne!... Que vais-je faire?... M'approcher de la Sainte Table en état de péché mortel?... Jamais! A tout prix, il faut avouer mon *Sacristi!* à un autre prêtre... Mais l'oserai-je? Et où en trouver un?... Le moment de la communion approche... Plus de doute! L'abbé est malade..., il n'a pu venir... Tout à coup, Dieu soit loué! je l'aperçois qui arrive, pressé, le cou entouré d'un gros foulard en laine. Il s'arrête devant le confessionnal, regarde de notre côté... Ah! comme j'aurais voulu aller l'embrasser tout de suite, ce brave, ce vaillant abbé qui n'a pas voulu, même malade, manquer d'assister à la première communion de ses enfants!

Le moment est enfin venu. Je me lève avec mes camarades. On se met en rangs, on se dirige vers la Sainte Table... J'arrive à hauteur du confessionnal, je cours à l'abbé, il se penche vers moi, je lui parle à l'oreille, angoissé, sentant mon pauvre petit cœur battre sous mon beau gilet blanc :

— Mon père..., il faut que je vous avoue... comme vous m'avez recommandé de le faire...

Depuis hier, j'ai commis un péché, un gros...

— Dites vite, mon enfant...

— Eh bien! Mon père... Eh bien!...

J'avais la tête perdue... Mon émotion m'enlevait tout bon sens... La pensée que l'abbé trouverait ma faute trop grave, qu'il ne voudrait pas me donner l'absolution, que je ne pourrais — ô honte! — communier avec mes camarades, — cette pensée stupide, grotesque d'avoir commis un grand péché m'en fit commettre un plus grand encore. Me haussant à l'oreille de l'abbé, à voix basse :

— Eh bien! mon père, ce matin j'ai eu un mouvement de colère et j'ai dit : *Sapristi!*

L'abbé sourit, me donne l'absolution. Je rejoins mes camarades. Mais, aussitôt, l'énormité de ma faute, de ma nouvelle faute m'accabla. Au lieu de *Sacristi!* qui me semblait formidable, j'avais dit *Sapristi!* qui me paraissait plus... tempéré. Au lieu d'un *c*, un *p*... Peu de chose, n'est-ce pas? Non! une chose terrible, au contraire! Un mensonge! Et un mensonge en confession, au moment de communier! Il était trop tard, maintenant! Je ne pouvais revenir en arrière, quitter les rangs, me confesser de ce nouveau et terrible péché!

Agenouillé devant la Sainte Table, je fis, de toute la force de ma pauvre âme bouleversée, une prière éperdue, demandant à Dieu de me pardonner, de pardonner au coupable enfant que j'étais... Mais non! Malgré son inépuisable mansuétude, jamais il ne me pardonnerait, jamais!...

La cérémonie terminée, mon unique pensée est de retrouver l'abbé Mallet. Je l'aperçois à la porte de l'église, prêt à s'en aller. Il avait fait un grand effort pour venir, le pauvre homme, et bien naturel était son désir de rentrer dans son petit logement. J'arrive à lui, je le tire presque par sa soutane :

— Mon père!... Mon père!...

Il se retourne, un tantinet fâché :

— Encore vous? Qu'est-ce que c'est?

— Eh bien! mon père, eh bien!...

A mots entrecoupés, je lui raconte le *sapristi!* substitué au *sacristi!* mes inquiétudes, mes angoisses, toute ma triste histoire...

Il sourit d'abord; puis, gravement :

— C'est très mal, à coup sûr, très mal .. Mais

avez-vous prié avec ferveur au moment de la communion?

— De tout mon cœur !

— Rassurez-vous et allez en paix !

Puis, familièrement, me tirant l'oreille :

— Toutefois, à l'avenir, quand vous aurez un mouvement d'impatience, au lieu de *sacristi !* ou même de *sapristi !* — vilains l'un et l'autre, — dites : *saperlipopette !* Ça vous fera autant de plaisir et c'est plus joli !

*
* *

De cette anecdote, on peut, je le répète, tirer un petit enseignement. Les parents doivent combattre cette maladie du scrupule. Le scrupule, est une qualité qui, exagérée, devient un défaut. C'est un sentiment hypertrophié du devoir qui tourne à l'obsession, nous rend pusillanimes et tarit en nous les sources d'énergie. — cette qualité si à la mode aujourd'hui qu'on en parle à tout propos et qu'elle a jusqu'à des « professeurs ».

Mais comment combattre cette tendance au scrupule chez les enfants? Comment les maintenir en équilibre, à égale distance d'une réserve gênante ou d'un « je m'en fichisme » commode — et, lui aussi, gros de conséquences plus sérieuses encore? Problème difficile. Je laisse à d'autres le soin d'étudier la question. Pour ma part, je me sens incapable de la résoudre. Elle est trop grave, *sa... perlipopette!*

LA GRANDE CLASSE

C'était en 1872, après la guerre. J'avais alors une santé robuste, malgré les fatigues du siège, et une belle barbe qui s'étalait en deux longues pointes sur ma poitrine et dont j'étais fier. Bref, un homme fait et solide. En bon patriote, j'avais souffert profondément des malheurs du pays. A cette époque, — qui semble déjà préhistorique, — notre amour-propre national était d'une sensibilité extrême, et ne manquait jamais une occasion de vibrer. J'avais été humilié non seulement de la supériorité militaire, mais... comment dire?... de la supériorité scolaire de nos ennemis.

Beaucoup d'Allemands parlaient le français, et fort bien, tandis que nous!... Comme première « revanche », je voulus apprendre l'allemand. Au collège, j'avais pioché l'anglais et,

après quelques courts séjours en Angleterre, je
le parlais passablement; mais je ne savais pas
un traître mot de la langue de Schiller et de
Gœthe. Je me mis à étudier la méthode Ollen-
dorff. Au bout de six mois je commençais à
me débrouiller. Mais un séjour dans le pays
était indispensable. Or, aller en Allemagne
aussitôt après la guerre... cela me serrait le
cœur. Il le fallait cependant. Je choisis un pays
pas trop Allemand, récemment annexé : le
Hanovre. On y parle, d'ailleurs, l'allemand le
plus pur. L'ami d'un ami de mes parents avait
écrit à son correspondant de là-bas pour lui
demander l'adresse d'une pension de jeunes
gens. On avait indiqué le docteur Davisson
dans la ville de Hanovre. Nourriture excellente,
instruction soignée; une vingtaine d'élèves,
pas plus... En route pour la pension Davisson!

*
* *

Par une jolie matinée de juillet, je sonnais
à la porte du docteur. Je fus assez étonné,
quand, cette porte ouverte, je me trouvai dans
une cour où quelques jeunes garçons, dont
l'âge pouvait varier entre huit ans au moins et

quatorze au plus, jouaient aux billes, à la toupie, au ballon et autres jeux plutôt enfantins.

Le docteur Davisson accourait. Je vis un petit vieillard rasé, maigre, pétulant, à lunettes, à favoris gris, à toque de velours, un échappé des contes d'Hoffmann. Je me nommai. Il eut un mouvement de surprise, me regarda de haut en bas, de bas en haut, avec ma haute stature, ma grande barbe, mon aspect de gaillard ayant fait campagne.

— Ah ! Ah ! c'est vous... Vous êtes l'élève qui m'a été recommandé par monsieur X...?

Pendant ce temps les jeunes garçons, intrigués, avaient cessé leur jeux et m'entouraient, curieusement. Je me faisais un peu l'impression de Gulliver à Lilliput.

— Oui, c'est moi, *herr doctor* : mes bagages sont dans la voiture... et...

Le docteur prit courageusement son parti et avec un geste circulaire :

— Mais c'est une pension de petits garçons, ici ! Monsieur X... en m'écrivant, a négligé de me dire votre âge. Il a dit seulement : un jeune Français... J'ai cru que vous aviez dans les douze ans !

J'étais fort embarrassé! La perspective de
rester au milieu de tous ces gamins me souriait
peu, mais, d'un autre côté, l'air brave homme
du docteur me séduisait. Et puis, que ferais-je
tout seul dans cette ville où je ne connaissais
personne? dans ce pays qui était l'ennemi, et
plus encore, le vainqueur du mien?

— Voulez-vous tout de même de moi?
dis-je au docteur.

Et j'ajoutai en riant :

— Je vous promets d'être bien sage...

Il me tendit la main :

— Essayons!...

*
* *

Je suis resté deux mois chez le docteur
Davisson. J'étais à moi tout seul « la grande
classe ». J'étais admiré et envié par mes jeunes
camarades anglais, américains ou allemands.
Pendant les études, j'occupais seul le premier
banc, devant le professeur. Ce banc était trop
bas pour mes grandes jambes et le pupitre me
les sciait à mi-cuisse. Pour écrire, j'étais obligé
de me tenir de côté. Beaucoup trop court était
mon lit, — dans une chambre à part, car j'avais

pu éviter le dortoir. Mais stoïque, je voulais, pour ne pas donner le mauvais exemple, me soumettre autant que possible à la règle de la maison. Je me levais et je me couchais à l'heure de tout le monde. J'allais à la promenade avec tout le monde, mais derrière les rangs, à côté du docteur, que je dépassais de toute la tête. Je mangeais la nourriture de tout le monde, et comme tout le monde — sauf le jeudi et le dimanche, — je ne buvais que de l'eau.

Ah! dame! c'était là le plus dur. J'étais habitué à un régime moins aquatique. Aussi m'étais-je fait envoyer quelques bonnes bouteilles de la cave de mes parents. Pour ne point tenter mes jeunes condisciples, je les avais cachées dans ma chambre, au fond d'une armoire. Tout cela avec le consentement du docteur, qui m'avait promis de fermer les yeux. Mais cela ne l'empêchait pas d'ouvrir la bouche, le brave homme! Après déjeuner, je l'invitais souvent à venir prendre un verre de vieux bordeaux en ma compagnie. Jamais il ne refusa. Je le vois encore, son verre vidé, quittant ma chambre sur la pointe du pied, comme un criminel, et me répétant toujours cette même phrase, un doigt sur les lèvres :

— Fous me churez te ne pas le tire à vos cheunes kamarades?

On m'avait seulement dispensé de jouer à la balle ou aux billes pendant les récréations et aussi de l' « allumage de la pipe ». Cet allumage consistait en ceci. Quand un élève était le premier, il avait l'honneur d'allumer la pipe, la grosse pipe en porcelaine, la *pfeiffe* du docteur. J'ai été plusieurs fois le premier : mais, en ce cas, c'était le second qui allumait la pipe.

...

M. Davisson était un brave homme qui demeurait très attaché à la dynastie hanovrienne et détestait les Prussiens. Il m'en disait le plus grand mal. Quant à mes progrès, ils furent considérables. J'étais récompensé de mon courage. Au bout de deux mois, je parlais très convenablement l'allemand. Seulement, il y a bien des années de cela, et je l'ai pas mal oublié. Si je veux retrouver ce que j'ai perdu,

il me faudra retourner à Hanovre et me remettre en pension... J'y réfléchirai. En tout
cas, cette fois, par compensation, et pour être
de la « petite classe » à mon tour, je choisirai
— moi-même — une pension de vieillards...
très vieux.

LE PREMIER LIVRE

Avec l'insouciance de l'extrème jeunesse, j'avais, en qualité de simple « moblot », joué mon petit rôle pendant le siège de Paris. Comme les camarades, j'avais porté le sac et le « flingot »; j'avais « trimé » dur. Par deux fois, lors de la reprise du Bourget et surtout au bombardement d'Avron, mon bataillon, le 8e de la Seine[1], le « pompon rose »[2], avait quelque peu « écopé ». Qu'on me pardonne cette avalanche d'expressions soldatesques! C'est ainsi que nous nous exprimions alors, et j'ai idée que nos jeunes troupiers d'aujourd'hui n'emploient pas une langue plus châtiée...

1. Ce bataillon comptait dans ses rangs quelques jeunes gens qui, depuis, devinrent des personnalités marquantes. Je citerai entre autres : Frédéric Masson, de l'Académie française, l'historien de Napoléon; Édouard Detaille, notre grand peintre militaire; Édouard Clunet, l'éminent avocat. C'est là que je commençai avec eux une amitié qui n'a fait que croître avec les années.

2. Les dix-huit bataillons des mobiles de la Seine se distinguaient par des pompons de couleur différente.

Malgré les fatigues, les écœurements physiques et moraux de cette vie à laquelle nous étions si peu faits, — gamins de vingt ans brusquement arrachés aux douceurs du foyer, — j'avais trouvé le temps, entre deux marches, le soir, sous la tente et dans les baraquements, à la lueur d'une chandelle, de prendre quelques notes, de rimer quelques vers. Peu à peu, le carnet où je les écrivais s'était rempli. Et, après les horreurs inoubliables et trop oubliées de la Commune ; alors que notre pauvre pays commençait à reprendre vie ; quand, en un mot, on eut le droit de penser à autre chose qu'aux malheurs de la Patrie, je me sentis pris du désir de réunir en un volume ces premiers essais et de « livrer au public », suivant le terme consacré, ces balbutiements d'une muse naissante.

*
* *

Être imprimé ! Cette perspective exerce évidemment une attraction particulière sur l'âme des hommes, puisque, depuis Gutenberg, tant de gens y ont été pris.

De quoi se compose, au juste, cette volupté

de voir son nom sur une couverture jaune ou bleue, à la vitrine d'un libraire?

Pour les uns — les grands, ceux qui ont vraiment quelque chose à dire — c'est un besoin impérieux, une véritable suggestion, une noble envie de communiquer aux autres ce que l'on pense, ce que l'on sent, ce que l'on croit être le beau, le vrai. Honneur à ceux-là! Ce sont d'ailleurs les plus rares.

Pour d'autres, que les nécessités de l'existence forcent à ne voir dans les Lettres qu'un moyen de vivre, la publication est une nécessité qui s'impose, une fonction du métier. Respect à ceux-là, qui ne craignent pas de s'engager, le front haut, dans cette redoutable carrière qui compte tant de victimes et si peu de triomphateurs!

Mais à ceux qui, comme moi, n'ont été poussés ni par la lutte pour vivre, ni par l'inspiration rayonnante qui s'impose — d'où est venu ce besoin d'être publié?

Avec quelle raison Molière, à ce sujet, fait dire à Alceste :

> Quel besoin si pressant avez-vous de rimer?
> Et qui diantre vous pousse à vous faire imprimer?
> Si l'on peut pardonner l'essor d'un mauvais livre
> Ce n'est qu'aux malheureux qui composent pour vivre...

Au fond, je crois que, dans ce besoin si pressant, il entre une bonne part du désir de paraître, tranchons le mot, de vanité. En cherchant bien, n'en trouvons-nous pas toujours un petit grain au fond de toutes les actions humaines? *Vanitas vanitatum*, comme a dit l'Ecclésiaste.

Enfin, vanité ou non, ma décision était prise. Je recopiai mes vers de ma plus claire écriture, j'en fis un joli manuscrit tout frais et pimpant, puis, un matin, je me rendis chez « mon » éditeur.

*
* *

Mon éditeur! Absolument inconnu, sans nulle attache littéraire, je n'aurais jamais osé m'adresser à un grand éditeur parisien. Modestement, j'avais été trouver un petit éditeur, à peu près aussi inconnu que moi. Quand il avait su que « c'était des vers », il avait eu un haut-le-corps; mais quand, un moment après, il me voyait, sur son refus formel de faire les frais de l'édition, disposé à les faire moi-même, le haut-le-corps s'était changé en un salut bienveillant.

Le manuscrit livré à l'imprimeur, les premières épreuves m'arrivèrent.

Malgré la netteté de ma copie ou peut-être même à cause de cette netteté (les gens du métier me comprendront) elles étaient pleines de fautes. Absolument ignorant alors des signes de correction typographique, je me mis à couvrir les malheureuses épreuves d'une série de notes à la fois détaillées et obscures qui ont bien dû faire rire les ouvriers de l'imprimerie… à moins, ce qui est plus probable, que l'habitude ne les y eût rendus complètement indifférents.

Enfin, les dernières épreuves corrigées, le « bon à tirer » donné, la couverture choisie, le livre parut sous ce titre simplet : *Tablettes d'un Mobile* (1870-71). Inutile de dire qu'il se vendit fort peu. J'en avais offert à tous mes parents, amis et connaissances, même lointaines, — les seules personnes qui eussent pu avoir l'idée de l'acheter, et encore !

Mais j'eus la joie, en passant devant les libraires, de voir mon petit volume en étalage. Avec sa couverture jaune paille et son titre rouge, il me semblait charmant, plus joli que tous les autres. Et quand un passant s'arrêtait une minute devant la boutique, très naïvement, je m'étonnais qu'il n'y entrât pas pour l'acheter...

Deux ou trois jours après la mise en vente, je lus dans un journal quelques lignes fort élogieuses. J'arrivai dans une joie folle chez mon petit éditeur et lui tendant le journal :

— Voyez!

Il lut et me rit au nez :

— Mais c'est la réclame!

(Pour les non-initiés, la « réclame » est la petite note imprimée que l'éditeur envoie aux journaux avec prière d'insérer, prière assez rarement exaucée d'ailleurs).

La réclame! Un éloge à soi-même! Un coup d'encensoir dirigé par sa propre main! Quelle désillusion!

J'eus pourtant, dans des feuilles modestes, quelques articles bienveillants. Les défaillances de la forme n'échappaient point à mes premiers critiques; mais il s'accordaient pour rendre hommage à la sincérité de l'œuvre... C'était, il est vrai, son unique mérite. J'avais vu, et, tant bien que mal, j'avais conté ce que j'avais vu.

Un éloge vint, cependant, qui me fit plus de plaisir que tous les autres. Ce fut une lettre de Francisque Sarcey, à qui un ami commun avait demandé un article. L'illustre critique me disait qu'il n'avait pas le temps de faire l'article demandé (si mes souvenirs sont exacts, ce devait être au *Gaulois*, où il écrivait alors), mais qu'il avait trouvé grand plaisir à me lire, qu'il saluait « l'aurore de mon jeune talent ». Il me cita même quelques vers. Qui dit citation dit lecture. J'avais donc été lu par Sarcey ! C'était le commencement de la gloire, cela. Que j'étais heureux !

Donc, comme je l'ai dit, le volume ne se vendit guère... et, quelques mois après, le petit éditeur fit faillite. Ayant payé le prix de l'édition, j'eus au moins la satisfaction de me dire que je n'étais pour rien dans le désastre. Des piles de volumes invendus m'arrivèrent. Je les ai entassés dans un cabinet noir.

Depuis quarante ans, j'y ai quelquefois puisé, pour en donner, par ci, par là, un exemplaire. Mais la pile est toujours imposante, et je serai mort sans nul doute avant qu'elle soit réduite à néant...

***

Qu'il en puisse être ainsi, d'ailleurs! Je le souhaite. Plus j'avance dans la vie, plus il m'est doux de sentir là, près de moi, ces petits volumes naïfs, pleins d'inexpérience et de jeunesse, qui dorment sous une fine poussière. J'aime mieux les ouvrages que j'ai écrits depuis; mais c'est celui-là que je préfère...

Oh! le premier livre!

GÉNÉRAL !

(SOUVENIR DE RÉVEILLON)

Encore un Noël passé! Passés encore une fois, les joyeux réveillons!... Au fait, sont-ils toujours joyeux, les réveillons? Réveillonne-t-on aussi gaiement, aujourd'hui, qu'au temps de ma prime jeunesse?

Le réveillon, alors, était chose traditionnelle. Soit à domicile, soit dans un restaurant de nuit, on se réunissait entre amis — et amies — et l'on ne rentrait au logis qu'aux premières lueurs de la frigide aurore de décembre.

Parfois, on réveillonnait dans le monde, sur invitations. De véritables soirées, avec souper et danse. Et aujourd'hui, en tisonnant, le souvenir me revient d'un de ces réveillons mondains et de l'aventure drôle qui l'a suivi...

Un scrupule me prend. Était-ce bien un

réveillon, un vrai réveillon de Noël? ou simplement une soirée, un bal, sans date précise, sans opportunité aucune, comme presque toutes les soirées? Mes souvenirs sont vagues sur ce point, s'ils sont précis sur tout le reste. Peu importe, d'ailleurs. Puisque nous voilà au lendemain de Noël, mettons que ç'ait été un réveillon... Cela ne change rien à rien.

**

Ce réveillon devait avoir lieu chez les Goupil — les éditeurs si bien et si justement connus — alors rue Chaptal. Le travestissement étant de rigueur — (positivement, je crois que c'était au carnaval ou à la Mi-Carême, ce réveillon-là!) — je m'étais décidé, après des hésitations multiples, à entrer dans la peau d'un général nègre.

La peau, ai-je dit. J'avais en effet poussé la conscience — ô jeunesse! — jusqu'à me noircir toute la figure, à me mettre une perruque en mousse frisée, à m'attacher aux oreilles des anneaux de cuivre. Joignez à cela un habit rouge à broderies; un pantalon de casimir blanc avec bandes d'or; un gilet blanc, une

large cravate, un bicorne agrémenté de plumes
vertes. Et sur le revers de l'habit, côté du
cœur, toute une collection de décorations
bizarres, crachats et croix, en papier doré, du
plus mirifique effet.

Mes contemporains se souviennent de cette
fête qui fut une merveille et dont le « clou » fut
l'*Entrevue des deux Empereurs*.

C'était le peintre Vibert qui faisait Napoléon I⁰ʳ. A un signal donné, les danses s'arrêtèrent ; l'orchestre entama « *Partant pour la
Syrie* », et, grave, la main dans sa redingote
grise, le petit chapeau sur la tête, l'Empereur
entra, suivi d'un nombreux état-major. Il se
dirigea vers une estrade, y monta, solennel,
distribuant des saluts de droite et de gauche.
Les officiers se tenaient groupés autour de lui.
Tableau. Enthousiasme général.

Enthousiasme plus grand encore quand,
après un silence, la porte par laquelle Napoléon était entré s'ouvrit une seconde fois, et
que le peintre Jundt apparut, en costume
civil, redingote noire boutonnée, pantalon gris,
chapeau légèrement sur l'oreille, grosses moustaches cirées, taille courbée, marche lente,

soutenue d'une canne : le portrait vivant de Napoléon III !

Déjà !

Comme « l'autre », il s'avança en saluant vers l'estrade, y monta. Napoléon Ier lui tendit la main et l'oncle donna l'accolade au neveu, tandis que les invités applaudissaient et reprenaient en chœur :

> Partant pour la Syrie,
> Le jeune et beau Dunois...

Un spectacle inoubliable, vous dis-je, d'une cocasserie presque grandiose !

* *

Mêlé à la foule, le bon général nègre avait admiré, applaudi, chanté et... quelque peu déteint. La chaleur aidant, son beau noir tournait insensiblement au gris de fer, à la nuance indécise et honteuse des truffes de seconde qualité. Mais il luttait encore vigoureusement et, quand, après avoir dansé, cotillonné, soupé, il se regarda, en prenant son paletot, dans la psyché du vestiaire, il se trouva encore présentable. Si la figure avait quelque peu souffert, l'uniforme était demeuré superbe avec ses broderies et son feu d'artifice de décorations...

Le jour naissait. Temps doux et pavé sec. Séduit par les suaves caresses de l'air pur au sortir du bal, je me décidai à revenir pédestrement chez moi. Il faisait à peine clair, le trajet était assez court, je ne risquais donc pas d'être ridicule. Et puis, enfin, quoi? Un général nègre, — même un peu déteint, — n'a-t-il pas le droit de se promener dans les rues de Paris?

Me voilà donc, marchant d'un pas léger, humant les fraîcheurs matinales, tandis que des réminiscences de valses tumultueuses me tournaient dans le cerveau. Pendant quelques temps, mon paletot boutonné, le collet relevé, j'avais, malgré mon bicorne à plumes et mon pantalon blanc à bandes d'or, une tenue suffisamment décente. Mais bientôt je commençai à avoir chaud, et, oubliant ma personnalité négrillonne, j'ouvris mon paletot. Entre les deux revers sombres, mon plastron rouge apparut, aveuglant, et aussi la fulgurante splendeur de mes croix en papier doré.

Les passants étaient rares à cette heure. Deux ou trois personnes seulement se retournèrent sans que j'y fisse attention. Mais pour rentrer au logis, il me fallait passer par la place Saint-Augustin, devant la caserne de la Pépinière.

Aux deux côtés de la grande porte, chacun devant sa guérite, deux factionnaires, nonchalamment, faisait les pas réglementaires. A leurs capotes trop neuves et trop larges, à leurs figures naïves et rougeaudes de campagnards, à leur aspect mal dégourdi, on devinait des recrues, des « bleus ». Soudain, en me voyant arriver, dans une lumière déjà plus claire, le plus rapproché s'arrêta, me regarda, le cou tendu. Obéissant à cette imitation simiesque et inconsciente qui est la base de toute discipline, et se transmet d'homme à homme avec la rapidité de la flamme incendiant les bruyères, l'autre factionnaire cessa de marcher ainsi que son camarade; et leurs deux bustes se tendirent vers moi, en arrêt. Et je devinai quel heurt de pensées alarmait leur cervelle :

« Qu'est-ce que c'est qu'c't'oiseau-là? A-t-il droit aux honneurs militaires? Un moricaud, pour sûr. Mais ce chapeau à plumes vertes! Ce bel habit rouge avec de l'or dessus! Et puis si décoré! Un général, au moins! Laisser passer ainsi, comme un simple pékin, un homme si décoré! J'risquons-t'y-point de nous faire mett' dedans, si j'étions vu par un supérieur? Bon Dieu de bon Dieu!... Quoi qu'c'est qu'y faut faire? »

« Dans le doute, abstiens-toi », dit un proverbe. Le premier des deux pauvres « bleus » ne le connaissait pas, sans doute, car il aima mieux ne pas s'abstenir. Quand j'arrivai à quelques pas de lui, il prit d'un coup la position réglementaire, et... Une! Deux! il me présenta les armes!

Je crus éclater de rire. Mais c'était désobliger ce brave garçon. Je me contins donc et, gravement, de l'extrémité des doigts de la main droite, je touchai mon bicorne à plumes et passai, très digne, le buste droit, avec l'air dégagé d'un homme habitué au commandement.

Au deuxième factionnaire, même salut de part et d'autre. Ce que j'eus de peine, cette fois, à garder mon sérieux!...

*
* *

L'habitude des honneurs est douce à l'âme
des hommes. Quand, rentré chez moi, je quittai
mon uniforme et fis disparaître, sous d'abon-
dantes ablutions, les derniers vestiges de mon
teint d'ébène; quand je redevins moi-même,
en un mot, je poussai un soupir, un gros soupir où se modulait toute la plainte des gran-
deurs frôlées et trop vite évanouies...

Enfin, avoir été pris pour un général, —
même nègre, — pendant quelques minutes,
c'est toujours ça!

UNE MINUTE D'ANGOISSE

(SOUVENIR DE 1870)

Hier, au coin du boulevard et de la rue de la Paix, je rencontre P..., mon ancien camarade de la mobile. Poignées de mains.

— Comment va?

— Bien. Et vous?

— Et les camarades?

— Assez bien. Sauf X..., malade depuis quelque temps.

— Gravement?

— Oui. J'ai peur qu'il n'aille bientôt rejoindre le pauvre Z...

— Ah! nos rangs s'éclaircissent!

— Oui! on vieillit... on se disperse... Tâchez de venir à notre prochain dîner...

— Je tâcherai. Mais c'est si difficile, vous savez... Cette vie de Paris!...

— A qui le dites-vous!... Enfin je ferai mon possible...

— Moi aussi. Au revoir, mon cher...

— Au revoir!

Nous nous quittons.

Et je songe que cet homme, ce camarade, cet ami a été mêlé à une des plus violentes, des plus poignantes émotions de mon existence! Je pense que cet être à qui j'ai serré la main, dont le regard a croisé le mien, dont je viens d'entendre la voix, cet être que je viens de voir vivant, bien vivant... un jour, j'ai failli le tuer, oui, le TUER!... Brusquement, le passé s'évoque en moi, les souvenirs me prennent à la gorge, je revis la minute d'angoisse...

.*.

Nous faisions, P... et moi, pendant le siège de Paris, partie de la même compagnie la « huitième du huit. » Au commencement de décembre, notre bataillon de mobiles avait pris position sur le plateau d'Avron. C'est là que nous restâmes le mois presque entier, par le froid que l'on sait, d'abord sous la tente-abri puis en des baraquements primitifs; c'est de là que nous pûmes suivre les péripéties de la bataille de Champigny, si heureusement engagée, si cruellement terminée. Jours sombres, jours cruels, dont je m'étonne aujourd'hui d'avoir pu supporter l'épreuve farouche. Mais nous étions des gamins de vingt ans, alors; et, à cet âge, les impressions les plus violentes s'atténuent, s'estompent dans le rayonnement de la jeunesse insouciante...

Pendant toute la durée de l'occupation du plateau, notre bataillon fournissait chaque nuit quatre compagnies de grand'garde. Les bataillons, alors, étaient à huit compagnies. C'était donc, une nuit sur deux, notre tour d'être aux avant-postes, en contact direct avec l'ennemi. Les compagnies de relève quittaient nos cantonnements le soir, au jour tombant — et il tombait de bonne heure, en décembre! — pour ne revenir qu'au matin. Elles avaient à surveiller un grand parc situé à Villemomble, le parc Papin — aujourd'hui morcelé — qui s'étendait le long de la ligne du chemin de fer de l'Est. De l'autre côté de la voie ferrée, les Allemands, dont, à travers les massifs dénudés, il était aisé d'apercevoir les sentinelles.

En arrivant, les compagnies s'installaient tant bien que mal dans le « château », — ainsi nommions-nous la maison de campagne du malheureux propriétaire. Je dis malheureux, car, alternativement occupée depuis plus de trois mois par les francs-tireurs, les mobiles, les troupes de ligne, l'infanterie de marine, les Prussiens et les maraudeurs, cette grande bâtisse ravagée, pillée, démeublée, les caves vides, les portes et les persiennes arrachées, en était réduite aux quatre murs. On se tassait par escouades dans les salons, dans les chambres. Sur le parquet — quand il y avait encore un parquet! — on étalait sa couverture, son *puncho* — tel était le terme consacré; contre le mur, on appuyait son sac, comme oreiller; puis on s'étendait, serrés comme des sardines, causant, fumant ou tâchant de dormir, en attendant le « tour de garde ». Tout cela peu réjouissant, croyez-le, pour des enfants habitués aux douceurs du foyer de famille, aux mollesses d'un lit tiède, aux câlineries d'une maman!

Mais ce n'était rien encore, en comparaison des heures passées en sentinelle, dans le parc, à vingt pas du camarade le plus voisin. Il fallait rester là, la main au fusil chargé et armé, l'attention en éveil, le cou tendu, l'oreille au guet, le regard aigu, tàchant de percer les profondeurs des ténèbres enveloppantes. Comme je l'ai dit, l'ennemi était très proche. Plus d'une fois, quand le vent soufflait du Nord, nous entendions des bruits de troupes en marche, des piétinements de chevaux sur la terre gelée, jusqu'à des commandements et des jurons germaniques aux sonorités de noix remuées dans un sac...

Qui n'a pas été en sentinelle la nuit aux avant-postes ne peut se rendre compte de la tension physique et morale où l'on arrive en ces minutes-là. Tout l'être vibre à se briser. D'abord un grand sentiment de responsabilité. Simple et humble unité du grand tout qu'est une armée, on sent qu'un moment d'inattention, de somnolence, peut favoriser une surprise, amener un désastre. Ensuite, pourquoi le nier? On a peur. Les plus braves ont peur. Un buisson qui s'agite, un frémissement plus accentué des branches, l'ombre d'un nuage qui passe, un de ces bruits inexpliqués qui pleurent dans la nuit, tout vous trouble, vous désagrège. Autour de soi, pareilles aux Érinnyes, il semble que des formes vagues rampent, s'approchent. Pour s'arracher à l'angoisse de ce « quelque chose » qui peut arriver, on souhaite presque que ce « quelque chose » arrive. Parbleu! on reste parce qu'il faut rester, parce que c'est le devoir de rester... Mais que ne donnerait-on pas pour ne pas être là! Oui, ces moments sont inoubliables. Les années passent; on frémit toujours en y songeant... Aussi, quand, la faction terminée, le caporal de ronde vient relever les sentinelles, est-ce un allègement inexprimable, une joie, mais aussi une fatigue extrême, une lassitude énervée qui brise et qui persiste encore longtemps, longtemps...

*
* *

Cette nuit-là, — une des dernières avant le terrible bombardement du plateau d'Avron — il faisait un froid glacial. Toute la journée, il avait neigé. Une obscurité profonde. A peine voyait-on à quelques pas. Dans le ciel bas, comme plombé, de gros nuages couraient. Une

bise âpre coupait le visage. C'était notre tour de
grand'garde. Pour nous rendre à Villemomble,
nous avions dû descendre péniblement les
pentes du plateau, couvertes de verglas. Sous le
formidable poids de mon sac — où la prévoyance
de ma mère avait accumulé les boîtes de con-
serves parcimonieusement ménagées — j'étais
arrivé au château Papin éreinté, déprimé.
Malgré les ressources de la jeunesse, malgré
notre bonne humeur blagueuse d'enfants de
Paris, nous commencions à pâtir de la température sibérienne, de la nourriture innom-
mable. La viande de cheval, plusieurs fois
dépecée sur quelque pauvre animal encore
chaud, tué près de nous par un obus; ce pain
du siège où, comme on l'a dit, il y avait de tout
excepté de la farine; — tel était notre ordinaire. Et, encore, sur le plateau, devenu assez
difficile d'accès, à cause des glaces, les distributions n'étaient-elles pas toujours régulières...

Donc, au château, mon escouade avait pris
logement — si j'ose employer cet euphémisme!
— dans une chambre, au premier étage. J'avais
pu dénicher — nous disions alors : *chaparder*
— un peu de paille. Je l'avais étendue sur le

parquet, dans un angle de la pièce, et je m'étais étendu moi-même dessus. En cette chambre devenue dortoir, nous étions là une douzaine, dont le brave P... La bonne chance voulait que les carreaux de la fenêtre fussent encore intacts, sauf un que nous bouchâmes avec une couverture. Dans la cheminée, quelques branchettes coupées aux arbres du parc et les quatre pieds d'un fauteuil flambaient. Un confortable très apprécié, enfin, pour l'époque! Aussi, brisé de fatigue, m'étais-je assez promptement endormi. Vers minuit, arriva mon tour de garde. Une voix me réveilla :

« — Allons! le numéro trois! »

C'était moi, le numéro trois. Le pauvre « numéro » s'étira, se leva, se secoua, mit un gros cache-nez autour de son cou, des gants tricotés à ses mains, boucla son ceinturon où était fixée la cartouchière pleine, prit son chassepot — et ouste! dehors, dans le froid, dans la nuit, au bout du parc, près de la pièce d'eau — en face d'un petit pont que je vois encore, un de ces petits ponts « rustiques », en bois verni, chers aux villégiatures suburbaines...

La faction fut ce qu'elle avait été maintes fois déjà, mais plus pénible, plus cruelle encore. Réveillé dans mon premier sommeil, je n'avais pu reprendre tout à fait mes esprits. Mon cerveau demeurait brouillé, confus, congestionné par le passage brusque de la chaleur de la chambre au froid du dehors. J'éprouvais, avec une intensité plus grande que jamais, les émotions d'une faction de nuit. Mais, cette fois, la crainte d'une surprise était dominée par une autre crainte, une obsession, une terreur : celle de m'endormir. Un terrible besoin de sommeil m'accablait, me prenait au front, me tirait en avant, m'anéantissait, m'annihilait. Je sentais mes jambes fléchir, j'étais hanté par l'horizontalité du sol. Oh! m'étendre là, sur cette neige glacée, fermer les yeux et dormir, dormir, ne fût-ce qu'une minute, une seconde... dormir!

Comment ai-je pu avoir assez de volonté, d'énergie pour demeurer éveillé — ou plutôt non endormi — jusqu'à la fin de cette interminable faction? Quand le caporal vint nous relever, je le suivis machinalement, comme en état de somnambulisme, anéanti, inconscient. De retour au château, j'eus la sensation de monter un escalier, de retrouver la chambre chaude, pleine de corps étendus, de regagner mon coin, de poser mon fusil contre la muraille, de tomber, de m'écraser, de fondre sur la paille... et de dormir, de dormir...

* * *

Le lendemain, au petit jour, réveil. Une pâle lueur filtrait par la fenêtre. Quelques notes de clairon nous mirent debout. Enfin, notre nuit de grand'garde était terminée! Nous allions remonter sur le plateau d'Avron, retrouver pour quarante-huit heures nos cantonnements, nos pauvres cantonnements bien misérables, mais que, par comparaison, nous désirions, nous aimions presque. Dans la chambrée, ce fut un bourdonnement de voix joyeuses, des appels de camarade à camarade, des plaisanteries dans une langue plutôt salée. La corvée était finie. On se sentait gai, ragaillardi. En hâte, on endossait son sac, on bouclait son ceinturon, on prenait son fusil, son *flingot* comme nous disions... En route! en route!...

— C'est pas encore cette nuit qu'ils nous auront enlevés, les Pruscos! clama un loustic.

Et chacun de rire.

A ce moment, je ne sais quelle idée me passa par la tête, une idée baroque, folle, une idée de gamin voulant jouer au soldat. Je tenais mon fusil à la main. Je l'appuyai contre ma hanche, à la position : « Croisez la baïonnette! » et, le doigt sur la gâchette, en riant :

— Les Pruscos? Ah! si j'en avais un devant moi!...

Et, sûr, absolument *sûr* d'avoir, cette nuit, à mon retour de garde, comme toujours, suivant l'ordre formel, déchargé, désarmé mon arme, je serrai le doigt... Le coup partit!

P... était juste devant moi, à deux pas. Je le vois encore. Je vois sa silhouette noire dans l'encadrement lumineux de la fenêtre. La balle alla se fixer dans le montant en boiserie, à vingt centimètres de sa tête...

Ah! quelle minute! quelle seconde!... Il devint effroyablement pâle; tous les camarades, brusquement arrêtés dans leurs mouvements divers, restèrent autour de moi comme figés... Je sentis mes jambes trembler, ma tête tourner, mon cœur s'arrêter... j'allais m'évanouir...

— Rien! je n'ai rien! s'écria P... en s'élan-
çant vers moi... Remets-toi donc, sacrebleu!
remets-toi...

Et il ajouta d'une voix encore tremblante :

— Mais ça ma sifflé rudement près de
l'oreille, par exemple!

Abruti, anéanti de fatigue, de sommeil, de
froid, au retour de ma faction, j'avais oublié
de décharger mon fusil... Pauvre, pauvre cher
camarade! dire que j'aurais pu!...

Une nouvelle sonnerie nous fit quitter notre
chambrée, prendre nos rangs, sac au dos,
devant la maison. Et, l'appel terminé, nous
partions pour regagner notre campement, sur
le plateau.

Le bruit du coup de fusil n'avait pas été
entendu au dehors, amorti sans doute par les
murs, par la fenêtre close. J'aurais pu, j'aurais
dû, pour cette imprudence, être sévèrement
puni. Je n'aurais pu l'être davantage que par
l'émotion ressentie, par l'effroi de cette mort
passée si près d'un camarade, d'un ami... et par
ma faute involontaire!

*
* *

Depuis 1870, nous nous sommes rencontrés souvent, P... et moi, soit, comme hier, dans la rue, soit à nos dîners de mobiles. Plus d'une fois, il m'a rappelé « le coup de fusil »; il me l'a rappelé sans rancune, avec un sourire dans sa bonne figure épanouie. Mais chaque fois qu'il m'en a parlé, j'ai frémi, moi. Et — surtout dans les premières années — combien, combien souvent en ai-je rêvé !

Paris, 1905.

IMPRESSIONS D'ÉTÉ

FIVE-O'CLOCK D'OISEAUX

Une belle journée enfin! la première peut-
être de l'été. Retenu à Paris plus tard que
d'ordinaire, je vais faire un tour au Bois de
Boulogne. Il est cinq heures. Me voilà au bord
du lac, près de l'embarcadère des bateaux...

Qui ne connaît le petit chalet en bois verni
— ou plutôt déverni, — avec son double banc,
ses allées sablées, son bois de sapins réguliers
et grêles, évoquant la vision d'une Norvège-
joujou? Le lac est uni comme un miroir, mais
un miroir terne, sale, voilé d'une poussière
de plumes d'oiseaux. Ses teintes verdâtres
rappellent vaguement les potages Saint-Germain du restaurant voisin. Les barques atten-
dent, vides, décolorées, longues, longues... et
semblant s'allonger encore dans un étirement
d'inaction et d'ennui...

Des gens sont là, les uns assis, les autres donnant à manger aux canards. Une jeune femme saute d'une auto et arrive, tenant par la main son petit garçon, de dix-huit mois peut-être. Il marche depuis peu de temps, c'est-à-dire trop vite et pas bien droit. N'importe! De toute la vitesse de ses jambes potelées il court à la corbeille où les pains de seigle, ronds et noirs, s'offrent à la main des acheteurs Un premier morceau est jeté, puis un second. Familiers de ce geste, les canards viennent, le bec d'attaque, traînant derrière eux leur sillage vite effacé. Moins rapides, voici les cygnes; et, enfin tombant du haut des arbres voisins comme des pierres, les hardis moineaux, en quête des miettes égarées...

Regardons ce *five-o'clock* d'oiseaux. Cela nous changera un peu des *five-o'clock* de nos, « belles madames », ce dernier printemps...

*
* *

Le cygne d'abord. Il est le plus grand, le plus beau, le plus noble. C'est le Roi. Il a conscience de son glorieux passé. Il a appris que Jupiter, pour conter fleurette à Léda,

daigna dissimuler sa personnalité tonitruante
sous un duvet argenté. Il n'ignore pas que
Lohengrin lui passa tendrement la main dans
les plumes. Il sait que son image s'est reflétée
à l'infini dans les lacs antiques et dans les
étangs moyenâgeux. Il est fier d'avoir été chanté
par les poètes. Pour n'en citer qu'un, parmi les
plus récents, il se souvient de l'admirable pièce
où le cher Sully-Prudhomme l'a montré « endormi entre deux firmaments ». Tout cela —
soyons justes, — est de nature à monter une
tête... d'oiseau. Aussi, comme il la porte, cette
tête ! Avec quelle fatuité il la fait virer à droite,
à gauche, cette tête bêtement trop petite pour
le cou démesuré et le ventre bedonnant ! Regardez-le, ce cygne, regardez-le arriver au geste
auguste (pour lui) du semeur de pain. Il est
vorace, parbleu !... il le sait trop ; mais il ne
veut pas en avoir l'air. « De la tenue ! » se répète-
t-il, comme le Monpavon de Daudet. Oui ! voyez,
c'est à peine s'il se hâte, à peine si ses pattes
molles accentuent leur mouvement. Il n'arrive
pas, il daigne arriver... Mais une fois au but, le
Roi devient aussi « gueulard » que les camarades — et plus féroce. Gare à l'audacieux qui

ose lui disputer sa proie! Une terrible allonge
de bec l'a vite rappelé aux convenances. Les
canetons aux plumes timides éprouvent pour
ce croque-mitaine une terreur justifiée. Ils
passent la journée à le fuir, et, la nuit, son
fantôme gigantesque trouble la placidité de
leur sommeil enfantin.

Que ces jeunes palmipèdes se consolent!
Dans le public simpliste des bords du lac, le
cygne n'a pas, comme on dit, une bonne presse.
On admire, mais on aime peu ce cabotin d'eau
douce. Quand, faisant le vide devant sa force,
il arrache un bon morceau à moins robuste
que lui, des voix justicières murmurent : « Oh!
le méchant cygne! » ; mais quand, au contraire,
un caneton fluet, arrivé bon premier, saisit le
nanan et le lui enlève sous le bec, un bravo
s'échappe de la galerie. Tant il est vrai que, si
notre orgueil est flatté par la beauté, notre sym-
pathie est acquise à la faiblesse. Et c'est là
peut-être la meilleure part...

*
* *

Aussi glouton que le cygne, le canard, au
moins, l'est plus crânement. Il ignore l'hypo-

crisie. Il ne cache pas, sous une apparence dé-
daigneuse, les dérèglements de son appétit. Il
n'en rougit pas, — si j'ose m'exprimer ainsi à
l'occasion d'un canard. Il est d'ailleurs modeste.
Il ne possède point les poudreux parchemins
du cygne. Dans son passé, il ne peut guère
citer que Vaucanson, lequel, voulant l'imiter, le
parodia. Sa destinée fut, au reste, d'être toujours un tantinet « blagué ». A la fin du second
Empire, Thérésa se faisait acclamer par les
foules dans la chanson célèbre :

> Quand les canards s'en vont par deux
> C'est qu'ils ont à causer entre eux ;
> C'est qu'ils n'aim' pas not' société...
> Laissons leur donc la liberté
> De s' dir' com' çà des jolis riens...
> Quand c'est les canards tyroliens !
> La-la-itou !

Vers la même époque, une opérette fit planer
longtemps dans le ciel lyrico-dramatique un
retentissant *Canard à trois becs*. Si le canard
sauvage eut l'honneur de fournir son titre à
une pièce d'Ibsen et d'inspirer de beaux vers
à Richepin, le canard domestique, lui, n'obtint
que le sourire des poètes de second ordre,
déplorablement *minores*. Sa forme courte, son
cri de mécanique cassée, son nom à désinence

vulgaire ne poussent point au lyrisme. Quand, en une première vision, on l'aperçoit frétillant sur l'onde pure, une deuxième vision nous le montre bientôt au fond d'une noire casserole, parmi les olives, les petits pois ou les navets. Accommodé à la Rouennaise, il s'est acquis une réputation fâcheuse, et les gens du monde énumèrent ses méfaits d'une voix à la fois gouailleuse et inquiète. Dans le champ de la lorgnette littéraire, le canard se silhouette en Paul de Kock, le cygne en Lamartine ou en Alfred de Vigny. Politiquement, tandis que le cygne est légitimiste pur, branche aînée, le canard est d'Orléans, branche cadette. Oui, je le vois « Louis Philippe » jusqu'au bout des nageoires. Et loin de moi l'idée de lui en faire un reproche! L'époque avait du bon...

Pour toutes ces raisons, le canard est le frère inférieur du cygne. Mais son caractère insouciant le rend peu sensible à la jalousie. Pourvu qu'il ait son pain quotidien, qu'il raccroche par-ci par-là un tas de débris invraisemblables dont son estomac imaginatif fait des suavités, il se fiche du reste. Il est commun. Tant pis!... Couin! couin! couin!... Et puis, être commun,

n'est-ce pas le plus sûr moyen d'être populaire?

*
* *

... Et c'est par vous que je finirai ce tri-
ptyque, ô chers petits moineaux, moineaux
de mon cœur! Vous n'êtes pas des bêtes « à
deux fins », nageant moins bien que le poisson
et volant plus mal que l'oiseau. Il vous suffit
de voleter menu et de sautiller sur vos pattes
grêles. Votre « pirrouit » n'a qu'une note et
votre habit se contente des teintes indécises de la
cendre et de la feuille morte. Je vous aime
cependant entre tous, ô chers pierrots! Je vous
aime parce que vous êtes simples, bons garçons,
pas poseurs pour un centime; parce que vous
n'êtes ni bruyants, ni rares, ni exotiques; parce
que vous vous contentez d'être tout bravement
de bons petits gars d'oiselets dont l'unique originalité consiste à être « de ville », ou même
encore « de rue »; parce que vous êtes certainement — avec les pigeons des Tuileries — les
premiers oiseaux que mon œil de petit Parisien
de Paris aperçut quand on me « sortit » pour
la première fois; parce que, tout en conservant

votre indépendance et ne consentant pas à être
« de cage », c'est vous qui vous mêlez le plus
à notre existence de citadins... Vous vous levez
presque sous nos pieds; vous nous frôlez
presque; votre ombre, telle qu'une balle grise,
monte et descend sur les façades de nos maisons; le soir, ventre à ventre, plumes à plumes,
vous vous réunissez en chapelets au bord des
toits pour vous raconter des potins... moins
méchants que les nôtres; vous avez des amours
brèves et peu compliquées qui n'entraînent
avec elles ni déboires ni tragédies; enfin, c'est
dans notre ville, sur son pavé et sur son
asphalte que, peu soucieux des nourritures
étrangères, vous savez découvrir, dans l'or
des complaisances chevalines, vos repas plé-
béiens et furtifs... Et je vous aime encore
plus, maintenant que l'inexorable loi du progrès, sous la forme de l'écrasante automobile,
diminue chaque jour le nombre des bons chevaux, vos pourvoyeurs inconscients, et rend
plus clairsemée cette manne qui tombait, pour
vous, de moins haut que le ciel! Déjà vous avez
déserté les boulevards homicides, les Champs-
Élysées parfumés au pétrole; on ne vous ren-

contre plus qu'aux Tuileries, au Luxembourg, dans les squares, dans quelques rues provinciales de la rive gauche; votre exode s'accentue et bientôt, chers moineaux parisiens, vous serez chassés de Paris...

Mais le Bois sera votre refuge. On vous y verra longtemps, bien longtemps, toujours (autant du moins que ce mot surhumain peut être pris au sérieux!) on vous y verra tels que je vous vois aujourd'hui, vifs, nerveux, impondérables, descendre, monter, tournoyer gentiment pour saisir la boulette lancée en l'air sans destination précise, devant vingt, trente d'entre vous — et qu'un seul, plus adroit ou plus chanceux, emportera vite, vite au bout de son bec triomphant. Tels, autour de la Renommée, aveugle dispensatrice de ses faveurs, les hommes accourent, se hâtent, se démènent, impatients et fiévreux. Et ce n'est pas toujours le plus digne, n'est-ce pas? qui attrape la boulette!

*
* *

... Pendant que je songe, l'heure a coulé. Voilà beau temps que le petit garçon et sa mère

ont disparu. Les promeneurs se font plus rares.
Le jour baisse. Le bois se vide. Il fait bon, il
fait doux. Sous les sapins, de braves gens
dînent à la fraîche. D'autres, appuyés au tronc
d'un arbre, rêvent ou continuent de lire, aux
dernières lueurs du soleil. Des amoureux se
parlent à voix basse. Ce sont tous des simples,
des humbles. Bien peu d'entre eux s'absente-
ront cet été. Ils s'y résignent. Et peut-être
seront-ils aussi heureux que nous qui allons
demander aux plages éventées, aux âpres montagnes, l'oubli de ces deux mois que l'on déclare
« impossibles à Paris »...

Je me dis tout cela, et, — avec la logique d'un
homme, — je partirai demain pour la mer.

Paris, juillet 1910.

RETOUR A LA MER

Arrivé la veille au soir, j'ouvre ma fenêtre dès le petit matin. Un air franc et vif me cingle le visage. J'aperçois, là-bas, la célèbre falaise trouée, tant dépeinte, peinte et repeinte, surmontée aujourd'hui d'un château-fort moderne : les toits serrés du village, et, sous un ciel semé de fins nuages que le vent effiloche, la mer, d'un gris-bleu, où courent des frissons d'argent...

Une fois de plus, au sortir de Paris, je goûte cette sensation savoureuse et toujours aussi fraîche de retrouver la mer, la mer tant aimée, et depuis toujours !

— La première fois que je vous ai vu, c'était à Étretat... vous aviez trois ans, les jambes nues et, sur la tête, une capeline bleue...

Ainsi m'a bien souvent parlé une vieille et très chère amie aujourd'hui disparue et sincèrement pleurée. Chaque fois que cette phrase sonnait à mon oreille, l'évocation se faisait en moi du petit rien du tout que j'étais alors, gauche, maladroit, titubant sur les galets, minuscule devant l'immensité de la mer, et je souriais, homme mûr, de la « binette » qui devait être la mienne sous ladite capeline bleue...

Depuis ces temps lointains, je suis revenu plusieurs fois à Étretat. J'ai toujours aimé ce coin pittoresque, cette nappe d'eau encadrée de falaises crayeuses, et, aux alentours, cette grasse campagne normande semée de fermes, coupée de haies poussant jusqu'aux horizons larges les molles ondulations de ses champs d'avoine et de blé où saigne le rouge intense des coquelicots. J'ai aimé cette plage étroite, intime, où, grâce à une déclivité rapide, la mer semble toujours pleine et ne connaît point l'aspect dénudé et tristement lépreux des marées basses. Ici, comme dans une vaste coupe offerte, toujours une eau profonde, intacte et si tentante pour le nageur! Que d'éclaboussants plongeons, que de hardies « têtes » piquées là, jadis! Que de stations béates sur la planche, les membres ruisselants d'eau et recevant la tape du bon soleil qui pique et brunit la peau !... Et aussi, alors, sur la terrasse du casino, quel fourmillement cocasse, quelle amusante réunion d'artistes divers : musiciens, peintres, littérateurs, comédiennes et comédiens !

Au hasard du souvenir, je vois s'agiter des silhouettes : le grand chanteur Faure, dont la jolie maison est toujours là, sur la plage ; le peintre Fichel, petit, gros, tout rond, un vrai tonneau à moustaches grises ; Mario Uchard, le romancier, long, sec, un d'Artagnan vieilli ; Maupassant, le cher Maupassant, si amoureux d'Étretat ; son cousin Lepoittevin ; François Flameng, aujourd'hui de l'Institut ; Jeanne Granier, toute jeunette, qui — si je ne me trompe — fit ici ses débuts ; Marie Magnier, longue et fine comme une Diane, nageuse intrépide, avec laquelle nous filions en périssoire, loin, bien loin sur les flots bleus ; Suzanne Reichemberg, Mounet-Sully, oiseaux de passage, compagnons d'une excursion à Saint-Jouin, où trônait alors la Belle Ernestine, aujourd'hui bonne vieille aux traits fermes et réguliers... L'autre jour, comme je lui achetais

des crevettes — du beau *bouquet* appétissant —
je lui dis que j'avais connu et aimé Maupassant. Elle me regarda, intéressée, souriante :

— *Espérez* un brin!

Puis elle sortit, revint un moment après,
tenant une demi-douzaine de crevettes d'une
grosseur étonnante, des crevettes de « derrière
les fagots ». Et les ajoutant aux autres :

— Ah! vous avez connu ce pauvre Guy?...
Tenez!... C'est par-dessus le marché!

** **

Simple village de pêcheurs découvert par
Isabey, mis en lumière par Alphonse Karr —
qui fut aussi parrain, à l'autre bout de la
France, de Saint-Raphaël, — Étretat ne s'est
pas sensiblement modifié. Sa situation au bout
d'une vallée étroite l'a empêché de prendre
l'extension de Trouville, Deauville et autres
grandes plages de la côte normande. Le village
est resté tel quel ou peu s'en faut. Toujours les
maisons basses en briques, aux toits d'ardoises;
la délicieuse église mi-romane, mi-gothique,
un bijou architectural; toujours, près du
rivage, la *fontaine* où les laveuses babillardes

lavent leur linge et l'étendent, en mosaïque
multicolore, sur le galet ; toujours les grosses
barques remontées, au retour de la pêche, par
les cabestans ; toujours les *caloges*, ces vieilles
embarcations hors de service, conservées avec
soin, appuyées sur des cales, coiffées d'un toit
de chaume et qui servent de magasins aux
pêcheurs ; toujours aussi les deux hôtels Blan-
quet et Hauville, auxquels s'est adjoint un concurrent *modern style*, les « Roches blanches ».

Mais si le cadre n'a guère changé, il n'en va
pas de même pour le monde des baigneurs,
ainsi nommé sans doute parce que le plus grand
nombre ne se baigne pas. L'élément artiste a
disparu ou peu s'en faut. Le rapin nonchalant,
la pipe à la bouche, a fui vers d'autres parages.
Les jeunes misses continuent seules à trahir en
aquarelle les falaises d'amont et d'aval. Le béret
blanc ou bleu — jadis coiffure de tous, hommes
ou femmes, — n'est plus porté que par les
vieux pêcheurs aux joues briquetées, au collier
de barbe rude. L'Anglais, rare jadis, est devenu
légion. Le club de tennis, charmant dans la
fraîcheur de ses verdures, aligne côte à côte, à
la *Passée* jadis solitaire, ses *courts* très fré-

quentés. Les automobiles ronflent par les rues,
déversent sur la plage des escouades d'êtres
affublés de lunettes savantes et de cache-pous-
sière monastiques. C'est toujours Étretat, mais
un autre Étretat.

*
* *

L'heure s'avance. Le soleil monte peu à peu.
Énergique et gai, il chante le prélude d'une
admirable journée. Devant moi, dans le jardin,
une brise capricieuse agite les panaches d'arbres,
les légers feuillages. Encore fraîches des vapeurs
matinales, les fleurs se réchauffent peu à peu et
embaument l'air. Une corbeille de rosiers est
là, captivante, que mes yeux ne peuvent
quitter. Plantés en un terrain qui dévale vers
la mer, ils se détachent, délicats et élancés, sur
un fond d'azur. Je pense à ces aquarelles
exquises que peignit jadis, à Villerville, Duez,
le rare artiste, encore un disparu... Parmi ces
roses, les unes en bouton, orgueilleuses et con-
fiantes, se dressent hardiment; d'autres s'épanouissent en pleine splendeur; d'autres penchent languissantes, effeuillées à demi, prêtes
à rejoindre leurs sœurs mortes sur le sol...

Et malgré la joie rayonnante de l'heure, une tristesse m'envahit. Le réveil en moi de tous ces souvenirs d'antan m'a fait regarder en arrière, vers le passé, et en avant aussi, vers un avenir dont chaque jour rapproche l'horizon. Combien de fois me sera-t-elle donnée encore cette joie du retour à la mer, joie si vive et si précieuse ? Bah ! goûtons-la plus profondément, si elle devient plus rare. Les années n'atténuent point les facultés sensibles de l'âme. Elles les avivent peut-être, au contraire. Et il me semble que de cette corbeille de roses si proches des petites voix montent jusqu'à moi et murmurent le refrain bien vieillot, bien « coco » d'une ancienne romance, réponse attendrie d'un « ancien » blagué par des jeunes gens à propos d'un ruban vert-pomme, relique d'amour par lui pieusement conservée :

> Le cœur, mes jolis enfants,
> N'est pas comme les rubans...
> Non, non, non, je vous le promets,
> Le cœur ne vieillit jamais !

Étretat, 1906.

LE PHARE

Dans la calme nuit d'été, le phare accomplit sa besogne. Méthodiquement, silencieusement — telle la branche unique d'un immense éventail brisé — le pâle rayon tourne, d'une allure précise, à intervalles réguliers. Le voici qui arrive, s'allonge, argente le bois d'en face, la prairie verte, le pignon pointu de la maison voisine, le village, la falaise, la mer... Puis, tout d'un coup, il s'évanouit, mangé, dévoré par le noir du ciel. Une minute de repos. Puis nouveau rayon, nouvelle évolution rapide; nouvelles visions successives, instantanées: bois, prairie, pignon pointu, village, falaise, mer... Et nouvelle minute de repos.

Jusqu'à l'aube blanchissante, c'est la même tâche scrupuleusement remplie. La nuit en est comme animée, vivifiée. Cette clarté qui s'accroche aux mêmes coins familiers, qui les baigne dans sa buée transparente et rigide, se symbolise peu à peu. On pense à quelque géant invisible dont le sympathique regard s'étend sur les paysages, sur les choses, sur les hommes avec une tendresse persistante et éveillée. On a pour ce géant la gratitude quasiment attendrie des faibles pour les forts qu'ils devinent pitoyables à leurs misères. Protecteur béni des gens de mer, le phare, pour le modeste terrien, est un compagnon et un ami.

.·.

Par reconnaissance autant que par curiosité, j'ai voulu rendre visite à ce bienveillant voisin. A travers la grasse campagne normande, nous arrivons au pied du phare. Blanc sur le ciel d'un bleu presque oriental, il a un faux air de minaret. Autour, des constructions en brique, pavillon pour la machinerie, logements des gardiens. Tout cela net, bien entretenu, luisant, d'une propreté administrative et maritime. Un gardien — type du vieux marin à barbe grise, médaille de sauvetage — vient à notre rencontre. La porte s'ouvre. Nous entrons.

Un ingénieur poserait ici des questions précises, se documenterait, admirerait tel appareil de perfection récente. Il observerait cet escalier étroit qui monte en spirale; ces armoires pleines d'instruments d'optique; cette colonne creuse, où se meut un poids régulateur; cette sirène à la gueule noire qui, pendant les tempêtes, hurle plaintivement; il examinerait en détail, sous son dôme de verre, cette énorme lanterne, dont les lentilles formidables et rondes donnent la sensation étrange d'être regardé par des yeux que nulle tête ne renferme et qui sont, à eux seuls, plus grands que notre personne entière. Oui, un ingénieur étudierait, comprendrait le mécanisme de tout cela. Mais sentirait-il aussi vivement que les ignorants — dont je suis — la poésie de ces choses inertes qui, de la plus petite à la plus grande, concourent à une œuvre de protection universelle? A mes yeux naïfs ces appareils compliqués, entretenus avec un soin plein de vénération, prennent un air de mystère qui impose.

Timidement, par crainte de lâcher quelque énorme bourde, nous posons au gardien de rares questions que notre vanité ne veut pas trop précises. Le brave homme nous répond avec une complaisance banale ce qu'il a déjà répondu à tant de gens, car ces sortes d'interrogatoires varient peu. Il nous dit le travail incessant, l'entretien méticuleux des cuivres, les interminables veillées de nuit, seul, par les temps d'orage, alors que, sous les coups de la rafale, le phare semble vaciller sur sa base; il nous dit le mal qu'on a à lutter contre le sommeil; l'impatience avec laquelle on attend le camarade de relève qui, ponctuel, à l'heure dite, prend le quart et assume à son tour le fardeau des responsabilités; il dit les hivers glacés, les brumes opaques où l'on se sent comme perdu et que la lumière du phare ne peut percer, elle qui, par temps clair, est visible de si loin; il dit aussi la vie un peu solitaire, l'éloignement du village le plus proche où les enfants vont à l'école chaque jour, excepté par les trop gros temps... Il ne se plaint pas d'ailleurs, loin de là! Cette mer n'est pas trop méchante. Avant de venir ici, il

était gardien dans un autre phare, à l'embouchure de la Gironde, et le golfe de Gascogne
n'est pas aussi commode que la Manche. Il
nous dit tout cela d'une voix tranquille, unie,
indifférente, comme une leçon apprise par
habitude et souvent récitée...

Après un regard sur le beau panorama des
falaises et de la mer nous redescendons très
intéressés de notre visite, mais, l'avouerai-je?
un peu désillusionnés. C'est d'une main discrète qu'il faut soulever le voile du temple et
les mystères perdent parfois à être révélés. Ce
phare dont le rayon lointain avait, au cours
des nuits dernières, un charme si pénétrant,
nous a paru, à la lumière du jour, un peu sec,
et comme dépouillé de son auréole. Impression
décevante, semblable à celle de l'enfant qui
voit, au matin, la luciole admirée la veille au
soir. L'étoile s'est éteinte; il ne reste plus
qu'une affreuse chenille. Furieux de ses illu-
sions perdues, il l'écrase sous son pied. Il y a
là-dessus une fable d'une moralité profonde.
Je l'ai sue jadis et me la rappelais vaguement
en descendant les dernières marches de l'escalier...

*
* *

Dans la voiture, bientôt rejointe, c'est une série de réflexions suggérées par ces choses vues ou entendues. On s'extasie sur la propreté admirable du phare. S'il n'était immobile, on s'y croirait à bord d'un de nos cuirassés astiqués et luisants. On rend hommage à notre marine, à nos marins. On parle de la vie de ces gardiens, si distante de la nôtre, et que nos cerveaux de mondains ont peine à concevoir. Les dames poussent des gloussements de terreur en pensant aux nuits de veille, aux six heures réglementaires de solitude dans cet espace étroit, à observer cette grosse lanterne, à l'alimenter, à vivre près d'elle, autour d'elle, pour elle. A certains moments, on doit commencer à la haïr, à voir en elle l' « ennemie »... Une folie doit vous prendre de secouer la servitude obsédante, angoissante, l'espèce de culte absorbant qu'il faut, sous peine de déchéance, rendre à cette petite divinité lumineuse qui réside au centre des lentilles protectrices, comme dans une chapelle. Ce n'est, en réalité, qu'une lampe vulgaire ; mais l'ingé-

niosité de l'homme en a fait une puissance
tutélaire et bénie. Pareil à l'antique vestale,
l'humble gardien doit entretenir le feu sacré.
Qu'il y manque un instant, et, par les nuits
de tourmente, des êtres peuvent être brisés sur
les rochers sinistres, engloutis dans la mer qui
ne compte plus ses victimes. A quelle tension
d'esprit, à quel maladif scrupule doit amener
une responsabilité pareille! Et quel courage ne
faut-il point pour l'accepter?

A cela on répond que de telles angoisses
restent ignorées des hommes de discipline et
de sang-froid; que leurs natures pondérées
sont à l'abri de ces nervosités. Bon pour nous,
dégénérés des villes, de nous troubler, de nous
effarer pour des hantises de danger! Eux
accomplissent leur devoir posément, prosaï-
quement. Vienne l'heure du péril, le courage
nécessaire ne leur faillira point; mais au cours
régulier et quotidien des choses, ils n'ont
souci que de mener à bien leur modeste, leur
sublime besogne...

Sublime! le mot ne paraît pas hors de proportion. C'est le but qui ennoblit l'effort. Quoi
de plus généreux, de plus humanitaire que

cette fraternité internationale qui assure la sécurité des côtes; qui, par des dispositifs ingénieux, signale aux navigateurs de tous pays les récifs perfides et les plages traîtresses? Seul, la nuit, en sa coupole de verre, le gardien du phare veille au maintien de cette sécurité. Dans sa main calleuse il tient tout un lot d'existences. Le geste banal de remonter une lampe devient un geste auguste, comme celui du semeur de Victor Hugo. Un respect nous prend pour ces existences obscures des petits qui, par la grandeur de leur mission, par le simple mais strict accomplissement de leur devoir, ont droit de compter parmi les protecteurs et les bienfaiteurs de l'humanité...

*
* *

Pendant notre retour au logis, le temps a brusquement changé. Le ciel s'est voilé de brumes. Au milieu d'elles, le soleil descend, sanglant et sinistre. Un terrible vent d'ouest tombe du haut des falaises, agite la mer, la rend furieuse. Sur la route, des tourbillons de poussière montent, s'envolent. La nuit sera dure. Elle tombe peu à peu, dramatique, grosse de colères et de sinistres... Mais voici que le rayon du phare commence sa course régulière, éclairant les mêmes points : petit bois, prairie verte, pignon pointu, village, falaise... puis disparaît, pour reparaître dans une minute, exactement... Et je pense qu'à cette même heure ou presque, tout le long, le long de nos côtes, les phares s'allument et veillent... Veillez, ô phares de France! Ouvrez-vous et fouillez l'horizon, ô grands yeux palpitants de la nuit!

Étretat, 1906.

LA MER SANS VOILES

Depuis une heure, par une matinée exquise, une matinée de rêve, nous naviguons, zigzaguant dans la petite baie, sans nous éloigner des côtes, jouissant délicieusement de cette sensation incomparable de la promenade en mer, par beau temps et gaillarde brise. Je connais, pour ma part, peu de joies aussi vives et aussi captivantes. La navigation aérienne compte aujourd'hui des adeptes enthousiastes. Les générations nouvelles se passionnent pour ce nouveau sport. Mes contemporains et moi nous nous sommes contentés du petit bateau « qui va sur l'eau ». Et je trouve un délice à filer ainsi, dans l'air pur, entre le bleu du ciel et celui de la mer, loin des chemins de fer, des tramways, des automobiles... Oh! la jolie, l'adorable vitesse que celle-là, modérée, élégante, sans poussière et sans bruit!

*
* *

Entre temps, nous avons retiré les filets et les lignes, placés hier au soir près des brisants. Tandis que le patron fait marcher le bateau à la godille, l'autre marin s'est installé à l'avant, et sur le rouleau en bois, remonte le filet lentement, posément, avec une sorte de caresse de ses grosses mains hâlées et rudes. Peu pressés par l'heure, habitués à des besognes régulières, forcés par le roulis de se mouvoir avec précaution, les matelots ont presque toujours le geste lent, rythmique. Ils déplacent, comme on dit, peu d'air autour d'eux. Chaussé de grandes bottes, vêtu d'un tricot rapiécé, coiffé d'un béret de couleur indéfinissable, celui-ci — un bon gars blond et rose — accomplit sa besogne avec gravité. Plus vif que sa main, son regard cherche à percer la profondeur de l'eau, à deviner — quand il n'est encore qu'à l'état d'ombre argentée et palpitante — le poisson qui arrive à la surface. Peu à peu, le filet d'un

gris-vert s'entasse dans le fond du bateau en
spirales humides et lourdes. La pêche n'est
guère heureuse. Quelques poissons vulgaires,
un tout petit homard à qui son extrême jeunesse conserve l'existence. Après le filet, c'est
le tour de la ligne aux nombreux hameçons,
où pendent les appâts dévorés en partie. Les
mêmes mains placides la tirent, l'enroulent
dans le panier large et profond. Aussi peu de
chance avec la ligne qu'avec le filet. Rien qu'un
jeune congre que nous rendons à la mer,
comme nous fîmes du jeune homard. Ces
deux jeunesses vont se rejoindre sous les flots
et : « Petit poisson deviendra grand, pourvu
que Dieu... » J'imagine que les versiculets du
bon La Fontaine ont dû, au cours des ans,
épargner la casserole fatale à nombre de ces
pauvres bestioles...

Mauvaise pêche donc; mais qu'importe? Tout
le charme est dans la promenade, dans la flâ-
nerie sur l'eau. L'heure avance, cependant.
Dans les hôtels alignés sur la plage et dont les
grandes lettres dorées scintillent au soleil,
dans les villas voisines, des cloches se mettent
à tinter, actives, annonçant le repas de midi.

6.

Il faut rentrer, combien à regret! Nous longeons le rivage, nous frôlons, à la toucher presque, la planche où les nageurs s'accrochent par grappes, têtes d'hommes aux cheveux aplatis sur le front, têtes de femmes aux coquets petits bonnets de couleurs claires. La foule blanche des curieux, venus pour l'heure du bain, se précise, devient nette. Le bruit des conversations glisse sur le flot uni et nous arrive, comme un murmure. Nous allons accoster dans quelques minutes, — quand tout à coup, là-bas, sur la mer, au pied des hauts rochers, une chose se meut et arrive sur nous en quelques minutes, une chose étrange que nos yeux ne connaissent point encore et regardent, étonnés...

C'est un canot d'assez grandes proportions, sans voiles ni cheminée, mû par un ressort invisible, qui s'avance avec une vélocité trépidante, chevauche en quelque sorte le flot, le coupe d'un éperon si robuste et si tranchant qu'un gros bourrelet d'écume s'élève à l'avant, comme un rempart d'ouate. On a l'impression d'un bateau de plaisance dans lequel se serait logée l'âme d'un torpilleur. En quelques

minutes la bête fantasque — car il a l'air d'un
animal singulier, ce canot, d'une sorte de
baleine méchante, — la bête est arrivée sur
nous, décrit une courbe nette, s'éloigne déjà,
pique vers le nord, disparaît derrière la falaise,
laissant tout ébaubies les bonnes vieilles barques de pêche tranquilles, peu habituées à ce
visage nouveau. Telles, dans les petites villes
de province, les pataches démodées, mises au
rancart, voient passer avec un air rogue et
haineux les brillantes automobiles qui les nar-
guent du haut de leur vitesse. Et elles ont raison,
les bonnes vieilles barques de pêche; car cette
barque-fantôme, arrivée et disparue comme un
éclair, c'est le canot automobile, le concurrent,
le rival, le remplaçant de demain!

**

Et j'évoque, par la pensée, ce que pourra
bien être dans un siècle... ou deux, l'aspect
de cette petite baie. Les falaises resteront les
mêmes ou à peu près; les maisons, même
modifiées, seront toujours des maisons; la mer
sera toujours la grande éternelle — mais, à sa

surface, plus une voile, une seule. Le vent,
cet inusable moteur fourni par la nature; le
vent, ami imploré ou ennemi redouté; le vent
tombera au rang des rois à demi détrônés. Qu'il
change, qu'il tourne, qu'il passe de l'est à
l'ouest, du sud au nord, point n'y prendra-t-on
garde. Certes, il sera encore gênant où favorable, suivant qu'il soufflera debout ou arrière,
suivant qu'il rendra le flot plus ou moins dur;
mais, indispensable? point. On pourra se
passer de lui. Les gens de mer ne consulteront
plus l'horizon, inquiets, pour savoir d'où il
vient — ou s'il viendra. Ses fureurs, ses hurlements seront classés « bruits pittoresques »
mais vains. Tel le tonnerre doré de Jupiter
dans la célèbre opérette. On ira où l'on voudra,
quand on voudra, presque aussi vite qu'on
voudra. Démâtés, plats, rasant l'eau, les canots
se croiseront, fébriles. L'auto de la mer régnera
en vainqueur. Ce sera une fièvre analogue à
celle que fit naître son frère terrien. Dans les
ports, les parfums de pétrole se mêleront subti-
lement aux relents de la marée. Trop peu fortunés pour s'offrir un canot automobile particulier, les pêcheurs se syndiqueront pour avoir

un grand canot en commun, — un *autobus* de
pêche...

Et la pêche, comment se fera-t-elle ? A l'électricité, n'en doutons point ! De rigides piles
remplaceront les filets légers, les lignes souples.
Le poisson montera électrocuté, demi-cuit, à
la surface. Mais trouvera-t-on encore du poisson ? Indigné de procédés aussi brutaux, il
s'éloignera des côtes, s'enfoncera dans les profondeurs. On inventera bien quelque procédé
pour l'y surprendre. Quant aux marins, à nos
braves pêcheurs, ils s'incarneront, peu à peu,
dans la peau des chauffeurs. Ils en prendront
le costume, le langage. Le béret sera remplacé
par la casquette. Au lieu de filer au plus près,
on prendra la quatrième vitesse. Le gouvernail
sera le volant. Ainsi de suite. Et ici, sur mer,
la mécanique aura triomphé comme elle l'a fait
sur le sol, comme elle le fait dans l'espace,
comme elle le fera partout. C'est la loi fatale
du progrès, béni par les uns, haï par les
autres...

**

O voiles pareilles aux ailes de l'oiseau !
Voiles blanches où le couchant met des frissons
d'or ! Voiles jaunes où l'aurore met des frissons
d'argent ! voiles larges et solides des pêcheurs
du Nord ! voiles latines de la Méditérannée,
qui filez sur l'azur, ainsi qu'une double aigrette !
grandes voiles des jolis yachts penchés, qui
vous élevez au-dessus de la coque exiguë !
O voiles longues, petites, de toute taille, de
toute forme, voiles de hune, de beaupré, de
misaine, d'artimon : voiles gonflées par la brise ;
voiles endormies et languissantes le long des
mâts ! O voiles suggestives, voiles évocatrices !
voiles que les poètes ont si souvent — trop
souvent — fait rimer avec étoiles ! Voiles de
rêve, voiles de grâce ; voiles de joie par les
beaux ciels, voiles de drame par les tour-
mentes, — est-il vrai qu'un jour viendra où
les regards des humains ne vous rencontre-
ront plus? On vous a déjà remplacées sur les
grands vaisseaux, mais vous étiez encore, vous
sembliez devoir être toujours l'ornement et le
charme des humbles bateaux, des barques de

pêche ou de promenade... Hélas! des temps arriveront où vous disparaîtrez, où le *mare velivolum* des anciens ne se comprendra plus... O voiles, douces voiles, heureux encore ceux qui, comme moi, auront pu vous suivre des yeux, vous admirer et vous aimer!

Étretat, 1906.

LE DIVIN SILENCE

Voilà quelque temps, on parla beaucoup
d'une « Ligue pour le silence », fondée par
une dame américaine ou anglaise, je ne sais au
juste. Dans la presse, on s'occupa de la question ; les articles succédèrent aux articles, les
« premiers-Paris » aux « premiers-Paris ».
Bref, on fit grand bruit autour de cette Ligue
pour le silence. Le temps a passé. Aujour-
d'hui, plus rien.

Cependant, jamais ligue ne serait plus
opportune, à Paris surtout. Le bruit y est
devenu intolérable. Tramways multipliés,
autobus tragiques, terrifiantes voitures à écraser
les pierres et les passants, autos aux trompes
sèches, bicyclettes tintinnabulantes et traîtresses, et toi aussi, toi surtout peut-être,
simple grelot que les règlements de police

attachent au col de l'humble cheval de fiacre
et qui, pendant les longues stations chez le
voisin, t'agites à chaque mouvement de la bête
et harcèles notre sensibilité comme un mous-
tique fait de notre peau! Ajouterai-je à cette
liste les autres bruits de la rue : tintamarre
des voitures de laitiers à l'aube naissante?
mélopée suraiguë des marchands ambulants?
grattoirs des balayeurs enlevant la boue? coups
de sifflet agressifs de messieurs les jeunes garçons bouchers, épiciers et boulangers? romances
édentées des orgues de Barbarie, qui, malgré
leur suppression, continuent encore de « mou-
dre » à l'occasion? Réserverai-je pour la
bonne... oreille les bruits multiples et insupportables de la maison en construction à côté,
en face, ou même un peu plus loin?

Après les bruits « extérieurs », passerons-
nous aux « intérieurs? » Pas lourds ou précipités à travers le plancher ou le long d'un
escalier; enfants, domestiques, colonne mon-
tante des eaux, tressautement de vitres quand
passe un camion dans la rue, coups de vent
dans les cheminées, coups de sonnette partout,
claquements des seaux d'écurie dans la cour,

assiettes heurtées, pianos et autres instruments
de musique qui m'ont fait souvent modifier
ainsi le vers du poète : « *Mère* de la douleur,
Harmonie! Harmonie! », et surtout le roi de
l'agacement, le tyranneau à intermittences, le
despote compliqué, le Néron du logis, le Cali-
gula du « home »... Je crois avoir suffisamment
désigné le téléphone.

Aussi, pour fuir tout cela, au commencement
de l'été, les Parisiens fortunés quittent Paris
et vont chercher à la mer, à la montagne, aux
champs, — le silence, le divin silence, baume
du corps et de l'esprit! L'y trouvent-ils? *That
is the question.*

* *

Certes, hors des villes en général et de Paris
en particulier, les bruits sont moins nombreux, moins oppresseurs, mais combien multiples encore! Voulez-vous que nous en fassions
ensemble l'énumération forcément incomplète?

A la mer : murmure des flots (on s'y habitue
vite); hurlements du vent; sifflets des bateaux
à vapeur et des canots automobiles; gémisse-

ments funéraires des sirènes ; valses plus ou moins lointaines des casinos. Si vous êtes à l'hôtel : bruits des voisins, sonnettes, malles déchargées, planchers tremblants, etc., etc...

A la montagne : sonnailles des troupeaux ; beuglements des vaches, avalanches (bruit terrifiant, mais rare) ; voix dominatrice des torrents et cascades. Avant le jour, départ joyeux — pour eux — des excursionnistes, dans une tempête de coups de fouet, de grelots, de cris. Si vous êtes à l'hôtel, même observation que ci-dessus.

A la campagne : hurlements prolongés des trains dans la nuit ; craquements sinistres des arbres secoués par la tempête ; hurlements tenaces des chiens aboyant à la lune ; cocoricos autoritaires des coqs annonçant l'aurore (comme si elle ne s'annonçait pas toute seule !) ; gloussements des poules et autres volatiles ; batailles de chats sur les gouttières et de rats dans les armoires ; pépiements poétiques mais insupportables des oiseaux au lever du jour...

Prenons un exemple. Me voici installé depuis bientôt deux mois, près d'une ville d'eaux très connue, dans une villa agréable et louée comme silencieuse. Cependant, à l'heure où j'écris ces lignes, le matin, j'entends, à la fois : 1° venant de la maison voisine, des gammes exécutées sur la harpe par une main que je veux croire de jeune fille et charmante ; 2° venant d'une autre maison voisine, un cri de petit enfant et un aboi de gros chien ; 3° le ronflement d'une auto qu'on met en train dans un garage ; 4° à l'étage au-dessus de moi, les pas précipités d'une femme de chambre courant ramasser un dé ou tout autre objet de couture qu'elle vient de laisser choir ; 5° dans le couloir, glissement d'un balai mécanique ; 6° dans le jardin, râteau du jardinier peignant le gravier d'une allée ; 7° au dehors, bruits variés d'un immense hôtel en construction, un de ces odieux *Palaces* ou *Excelsiors* qui américanisent nos paysages français ; 8°.....

Près de mentionner mon huitième bruit, je lève la tête et j'aperçois, par la fenêtre ouverte, dans l'arbre tout proche, un merle qui saute de branche en branche, en sifflotant. C'est un beau merle, « en bottes jaunes, en frac noir » comme l'a dit le bon Théophile Gautier.

Dieu me pardonne!... il me regarde ce

merle... il me parle... oui, il me parle!... et il
me dit :

.*.

— Monsieur! Vous n'êtes qu'une bête! Ne
plus rien entendre ici-bas?... Mais ce serait
trop triste... Et vous seriez le premier à vous
en plaindre... Si vous n'avez pas perdu toute
mémoire, souvenez-vous de l'impression que
vous ressentîtes plus d'une fois, alors que vous
étiez assez ingambe pour faire de grandes
ascensions dans les montagnes... Le silence
absolu des hauts sommets... « Il m'écrase!...
il m'étouffe!!... » soupiriez-vous avec des airs
de petite maîtresse. Et vous aviez raison.

» Le divin silence que vous réclamez est
impossible ici-bas, précisément parce qu'il est
divin... Tout est mouvement dans la vie, et
qui dit mouvement dit bruit, presque toujours.
Peut-être l'aurez-vous plus tard, le grand
silence, quand vous aurez quitté la terre... Et
encore? Ne vous a-t-on pas dit qu'il y a là-
haut, dans le Ciel, — où je vous souhaite une
bonne place, en dépit de vos péchés — des
légions d'anges, d'archanges, chérubins et

séraphins jouant éternellement de la harpe,
de la viole, de la mandoline, de la cithare, du
luth, du téorbe et autres instruments à
cordes?...

» L'aurez-vous alors, le silence réclamé? Et
de quel droit, d'ailleurs, le réclamez-vous?
C'est votre orgueil seul qui vous fait croire à
vos droits. Le droit au repos... le droit au bonheur... que sais-je?... Balivernes que tout
cela!... Au lieu de tant parler de vos droits,
occupez-vous un peu de vos devoirs... Et le
premier de ces devoirs, c'est de vous résigner,
de vous incliner devant une volonté supérieure, de vous dire que vous êtes, comme tous
les êtres dont la terre est peuplée, exposé à
tous les ennuis, à tous les tracas... heureux
encore quand ce ne sont pas des malheurs!...
Vous figurez-vous que nous n'avons pas aussi
nos craintes, nos maladies, nos « embête-
ments », nous autres oiseaux?... Ce n'est pas
seulement par gaieté, comme vous le croyez
naïvement, mais pour nous étourdir, pour
secouer nos tristesses, que nous nous agitons,
que nous chantons, que nous faisons du bruit...
de ce bruit qui vous agace si fort, que vous

n'éviterez jamais, jamais, et qui, sous diverses
formes, vous poursuivra toujours, toujours,
toujours... Le silence absolu, le divin silence,
monsieur, c'est le merle blanc... Foi de merle
noir ! »

Énervé par cet oiseau, je ferme ma fenêtre
avec rage, — preuve certaine qu'il a pleinement raison.

Aix-les-Bains, 1909.

LA MONTAGNE MODERNE

Oui, elle se modernise, comme toutes choses. Si, pour parler d'une montagne, l'image n'était trop hardie, je dirais qu'elle « suit le mouvement ». Plus exactement, le mouvement la pénètre, la conquiert, la transforme...

De Viège à Zermatt — d'où j'arrive — chemin de fer à crémaillère intermittente et à vapeur, hélas! car la fumée suisse est nauséabonde. Précipices côtoyés, ponts vertigineux dominant les flots échevelés du torrent. Wagons pleins d'alpinistes des deux sexes avec le classique alpenstock, et, au chapeau, la blanche fleur *d'edelweiss*, plus ou moins cueillie par eux sur les neiges. Beaucoup d'Allemands, d'Anglais, comme à l'ordinaire; Français plus rares. Arrivée à Zermatt. Hôtel modernisé. Électricité à tous les étages.

De Zermatt au Gornergrat, nouveau chemin de fer à crémaillère continue et à l'électricité, cette fois. Admirable travail d'art, du
reste. Montée lente, douce, régulière. Cent
places maximum dans le grand wagon en bois
verni. Une seule classe. Dix-huit francs aller
et retour. Réduction de deux francs par billet
pour une famille d'au moins cinq personnes.
Trois stations que les employés, corrects et
costumés militairement, annoncent d'une voix
brève, sèche : *Riffelalp* (2,227 mètres); deux
minutes d'arrêt, tramway électrique correspondant avec l'hôtel; *Riffelberg* (2,569 mètres);
Gornergrat (3,136 mètres), station terminus.
De là, en dix minutes, grimpade au sommet,
parmi les flaques de neige. Panorama célèbre
et garanti — sauf nuages — sur le mont Rose,
le Lyskamm, le Breithorn, le terrible Cervin,
la Dent Blanche plus terrible encore, le Weis-
shorn, les Mischabels, etc., etc. Enthousiasmes,
exclamations en langues diverses, plus ou
moins vives suivant les nationalités. Lunettes
d'approche : mettez dix centimes ! Vingt minutes
d'admiration. Départ. Descente à la gare.
Retour en une heure et demie à Zermatt. Vos

billets, s'il vous plaît! Grrrande excursion en
quatre heures! La montagne pour tous! La
montagne « à treize »! Montez, messieurs et
dames, montez! Il faut voir ça!!!

*   *

Voilà vingt ans et plus, je faisais le même
voyage. Pas de chemin de fer au delà de Viège,
alors. Rien que les petits chars suisses, les
mulets … ou les jambes. C'est ce dernier mode
de locomotion que je préférais. L'étape était
dure, pendant les premiers temps, pour le Parisien mal entraîné, mais on s'y faisait vite. Et
quelle sensation vive, quelle joie intense,
d'une qualité particulière, à la fois physique
et morale, que celle de la marche en un pays
pour soi nouveau! On avait des orgueils de
conquérant. On comprenait l'enivrement des
explorateurs. On « tartarinait » avec naïveté.
La Suisse, la bonne Suisse si parcourue, si
décrite, si photographiée, la Suisse banale

Que tout père à son fils paye à sa puberté

comme l'a dit Musset de sa voisine l'Italie, la
Suisse de Töpffer et d'Alexandre Dumas vous

semblait « pas si connue que ça! ». On en arrivait à croire que pour vous, son vingt millionième voyageur, elle conservait encore des grottes vierges et des cascades inédites...

Et pourquoi? Parce qu'au lieu d'être transporté comme un colis, dans un wagon en fer et en bois, sur des roues, loin du sol, on le touchait, ce sol; on emportait de la poussière, de la boue à la semelle de ses souliers. Parce qu'une sorte de communion s'établissait entre l'homme et la nature. Parce qu'on avait le temps de voir, de sentir, de s'imprégner l'âme et le corps des paysages ambiants. Trop rapides, les visions s'atténuent, disparaissent. Les « instantanés » ne durent qu'en photographie. Quand tout ou presque tout se modifie autour d'elle, la matière humaine reste la même. Il faut toujours le même temps pour que la nature la pénètre entièrement. Voir? La belle affaire! La vue n'est qu'un des agents de la sensation complète. Il faut aussi entendre les bruits épars autour de soi : soupirs des brises dans les arbres, murmures continus des torrents, sonnailles graves ou aiguës des troupeaux. Il faut respirer les senteurs montant des

prairies, les parfums du miel et des fleurs, les
chauds relents des étables, l'âcre résine des
sapins. Il faut, dans les auges de bois, goûter
l'eau glacée des fontaines. Dans sa main, à
chaque pas en avant, il faut sentir frissonner
le bon bâton de frêne, qui, lui aussi, vient du
sol et le frappe joyeusement. Vue, ouïe, odorat,
goût, toucher, — tous les sens doivent con-
courir à la pénétration intime d'un pays, à sa
conquête absolue.

Cela est-il possible dans un étroit comparti-
ment de chemin de fer, dans la gêne d'apercevoir, par une vitre étroite, le moindre coin de
ciel? Voyager vite, c'est voyager mal. Certes,
pour parcourir les grandes distances, pour les
supprimer plutôt, le chemin de fer est inap-
préciable; mais une fois dans le pays à connaître, si vos forces vous le permettent, passez-
vous-en le plus possible. D'ailleurs le *Nil
sine labore*, le « rien sans peine » est éternellement vrai. Du sommet atteint avec quelque
fatigue, la vue vous paraîtra plus belle. Quand,
après une rude montée, vous arriverez au but,
un peu essoufflé, les pieds lourds, l'air vous
sera plus léger, plus vivifiant... Vous aurez

gagné votre joie. Et puis, en tout homme, il y
a un « Perrichon » qui sommeille. Sur la
montagne immense, vous vous paraîtrez plus
grand à vous-même pour l'avoir gravie. En
haut comme en bas, tout n'est-il pas vanité?

Ne regrettons rien, cependant. Pensons aux
délicats, aux faibles. La facilité de transport
rend le voyage accessible à tous. De Paris au
Gornergrat, le déplacement est aisé même aux
podagres. Et si la jouissance est moins vive,
elle est réelle cependant pour celui qui peut,
en quelques heures, et sans faire vingt pas,
s'élever, — de quelques mètres au-dessus du
niveau de la Seine, — à trois mille et plus
au-dessus du niveau de la mer...

.

Le Mont-Blanc, que j'aperçois ce matin,
de la table où j'écris, conserve encore, lui, sa
virginité. Aucun rail, aucune locomotive ne
déshonore ses blancheurs. Mais les caravanes
humaines s'y pressent, chaque année plus nom-
breuses. Le géant des Alpes devient banal. On
l'ascensionne journellement. L'observatoire

7.

Janssen, le refuge Vallot ont leurs habitués. Les
Grands Mulets ne désemplissent pas. Le vin de
Champagne y coule à flots. Les coups de canon
tirés à Chamonix, pour annoncer l'arrivée au
sommet et le retour des excursionnistes, écla-
tent en salves d'artillerie. En vérité, le Mont-
Blanc cesse d'être une montagne « chic ». Les
vrais intrépides le méprisent et s'attaquent plus
volontiers aux aiguilles voisines. Dans l'*Alpe
homicide* — comme l'a si énergiquement baptisée Paul Hervieu — il ne tient plus la première place. Le Cervin, la Dent Blanche lui
font une terrible concurrence. Là, au moins,
pas d'année sans accidents. Au Cervin, voilà
quelques jours, un guide tué net par une chute
de pierres; un autre guide très endommagé;
le voyageur, la mâchoire brisée. A la Dent
Blanche, trois Anglais, partis sans guide,
hésitent, un moment, sur le chemin à suivre.
Deux sont d'un même avis. Le troisième d'un
avis contraire. Ils s'entêtent, se séparent. Le
duo revient sain et sauf. L'isolé est retrouvé,
quelque temps après, mort de faim, dit-on. A
la bonne heure! Voilà qui est émotionnant et
d'un alpinisme traditionnel!

Le Mont-Blanc, lui, s'endort, un peu comme le brave Homère, dans sa gloire acquise. Sous le manteau d'argent recouvrant ses rondeurs tranquilles, il semble le bon Dieu de la montagne. « Laissez venir à moi les petits touristes » a-t-il l'air de dire en souriant, du haut de son grand fromage à la crème. Et les touristes viennent par théories, suivant la route ordinaire : Pierre Pointue, Grands Mulets, Petit Plateau, Grand Plateau, observatoire Vallot, Bosse du Dromadaire, la Tournette, le Sommet... Le chemin à gauche, par le Corridor, est presque abandonné, sauf les jours de très grand vent. Avec les télescopes des hôtels, on voit monter ou descendre les fourmis noires sur la glace brillante. Ce matin, une caravane de douze personnes — dont deux dames — gravit la pente du Grand Plateau. Un bon papa décidément, ce vieux mont Blanc. Ne pas trop s'y fier, cependant. Le géant paterne a quelquefois des retours de cruauté, comme ces lions de ménagerie qui, après des années de bons rapports avec le dompteur, s'avisent, un matin, de lui croquer la tête... Histoire de ne pas perdre tout à fait le goût de la chair humaine.

Le Mont-Blanc, lui aussi, s'offre de temps en
temps une victime. L'autre jour, au col du
Géant, un pauvre diable de guide était fou-
droyé pendant un orage. Et encore, en ce cas,
la montagne n'était que complice. La véritable
coupable était la foudre. Au fond, même dans
ses rigueurs, le mont Blanc y met des formes
et n'opère plus directement lui-même, comme
autrefois.

*
* *

Foulé presque journellement pendant l'été
par les pieds des hommes, mais respecté jusqu'ici par les machines, le Mont-Blanc devien-
dra-t-il quelque jour une montagne moderne,
une montagne « dernier cri », comme quelques-uns de ses confrères des Alpes? Y mon-
tera-t-on en chemin de fer, dans un wagon
plus ou moins capitonné? Il n'est plus permis
d'en douter. La paisible vallée de Chamonix
est déjà pénétrée par un chemin de fer en construction[1] dont le parcours est indiqué du Fayet

1. En pleine exploitation aujourd'hui.

à Chamonix. On le prolongera ensuite jusqu'au Montanvert, au-dessus de la Mer de glace; puis jusqu'à la frontière suisse par Argentières, le col des Montets et Vallorcine... Ces projets désespèrent les guides de Chamonix et les voituriers. Encore de nouvelles victimes du progrès!

Mais que diront-ils, les braves guides, les successeurs de Jacques Balmat, quand on ira en chemin de fer... au sommet du Mont-Blanc? Et on ira, soyez-en certains [1]. Le projet a été à l'étude. On le dit abandonné. Il sera certainement repris. On fera sauter ce qu'il faudra. On creusera les tunnels nécessaires. On a déjà fixé l'emplacement de la gare terminus. Elle sera située exactement un peu au-dessous du sommet, à plus de 4,000 mètres d'altitude. De là, un ascenseur vous hissera. Oui, un ascenseur. Nos enfants arriveront au sommet du Mont-Blanc en ascenseur, comme

1. Actuellement (automne 1910) le chemin de fer à crémaillère du Mont-Blanc est fait en partie. Une section est en exploitation du Fayet-Saint-Gervais au col de Voza (1,700 mètres); un autre du col de Voza à l'Aiguille du Goûter (3,843 mètres), est en construction. Prolongation éventuelle jusqu'au sommet du Mont-Blanc (4,810 mètres).

à la tour Eiffel ou à un cinquième du boulevard Malesherbes. *All right!* On se donnera rendez-vous là-haut, on y potinera, on y flirtera. Et le snobisme, l'anglomanie s'en mêlant, on débaptisera les vieilles cimes. Le Dôme du Goûter, entre autres, deviendra le *Five o'clock Dôme*. C'est moi qui vous le dis...

Chamonix, 1900.

RÉFLEXIONS D'UN BUVEUR D'EAU

— Décidément, on ne s'habille plus aux Eaux !

— A qui le dites-vous, ma chère ! Je suis navrée !... J'ai dû renvoyer à Paris une caisse de robes... Pas une occasion pour les mettre ! Et elles se fripent tout de suite dans les malles ou dans les placards d'hôtel !

— Moi, j'ai renvoyé cinq chapeaux... des merveilles ! Les plumes étaient toutes défrisées !...

— C'est désolant !...

— Mais nécessaire !

Et, à l'unisson :

— On ne s'habille plus aux Eaux !

Ces lamentables propos s'échangeaient entre deux charmantes Parisiennes au casino de la station thermale où, depuis quelques jours, je n'ai d'autres distractions que de voir les nuages sur les montagnes et la pluie dans les rues. Je dois à la vérité d'ajouter que pour des femmes qui ne « s'habillent pas », nos deux Parisiennes étaient fort bien mises, mais très simplement. Costumes tailleur irréprochables, mais costumes tailleur.

Elles ont raison, du reste : on ne s'habille plus aux Eaux. Cette phrase inharmonieuse est tristement exacte. En cela, comme en bien des choses, les modes, les habitudes ont changé. Les journaux ont beau parler des élégances de telle ou telle localité; ils ont beau citer des noms par kyrielles, vanter les charmes des casinos, faire miroiter aux yeux des Parisiens encore fidèles à l'asphalte les délices des soirées musicales ou dansantes, le règne brillant des villes d'eaux est passé.

Jadis, on allait aux Eaux pour s'y soigner un peu, pour s'y amuser beaucoup; aujourd'hui, on y va pour se soigner, uniquement. On y reste le temps juste nécessaire à la cure; on y « tire », comme à l'armée, ses dix-huit ou vingt-et-un jours; mais l'idée ne vient à presque personne d'y aller pour son plaisir. Les saisons triomphales de Baden ou de Vichy sont passés à l'état de souvenirs antédiluviens. Plus de fiévreux changements de toilette quatre ou cinq fois par jour; plus de modes nouvelles et extravagantes lancées à la musique de cinq heures, au parc ou aux grands bals bi-hebdomadaires; plus ou presque plus de « culottes » fameuses autour des tapis verts. Aller aux Eaux, pour nos pères, semblait une promesse d'amusements coûteux, mondains, un peu excentriques; pour nous, c'est une nécessité, un ennui, un devoir, presque une corvée.

*
* *

En réalité, c'est nous qui avons raison, ce me semble. S'immobiliser pendant un beau mois d'été dans un trou, au fond d'une vallée; y absorber à des heures régulières des quantités soigneusement dosées d'eau plus ou moins nauséabonde; passer cinquantième en d'étroits cabinets de douches suintant d'une humidité chaude; parcourir des sites abondamment visités; se trouver nez à nez, toute la journée, à tous les coins de l'établissement, avec des gens que

l'on évite de voir à Paris; s'attabler matin et
soir devant des nourritures prévues et antipa-
thiques; s'abrutir à voir tourner les petits chevaux; après le dîner, — si on ne « casinote »
pas — rester dans le salon, le terrible salon
d'hôtel, entre le piano rarement ouvert et la
table placée au milieu, éclairée insuffisamment
par une électricité trop haute, et sur laquelle
s'entassent en désordre les volumes hétéro-
clites oubliés par les voyageurs, les journaux
illustrés vieux d'un an et dont les pages
effrangées rappellent la multiplicité écœurante
des doigts qui les feuilletèrent; le soir, enfin,
s'étendre dans un lit trop large ou trop étroit,
trop long ou trop court, qui gémit lamentable-
ment sous votre poids, comme il a gémi sous
les poids antérieurs, comme il gémira sous
les poids à venir : tout cela ne m'a jamais
semblé que de jouissance mince. La station
thermale, c'est le voyage sur place, avec ses
ennuis, ses dégoûts, ses déboires — et aucun
de ses agréments.

De ce qu'elles sont moins élégantes, s'ensuit-
il que ces stations soient moins fréquentées?
Bien au contraire. Ici, la loi de démocratisation
s'applique comme partout. Les voyages à prix
réduits, amènent un nombre plus considérable
de baigneurs. Autrefois, si une saison d'eaux
tentait les fortunés, elle effrayait les modestes.
Il n'en va plus de même aujourd'hui. Toute
une population s'entasse autour des buvettes.
Comme le bon Dieu, les compagnies de chemins
de fer bénissent les grandes familles... en leur
accordant des tarifs bénins. De même pour les
hôtels. Ceux de second ordre valent souvent,
au moins comme table, ceux plus haut cotés
dans les guides.

Et ainsi — que le progrès soit en cela béni !
— il est loisible aux braves gens de conditions
restreintes de venir, sur place, soigner leurs
dyspepsies, gastralgies, asthmes, catarrhes,
cachexies et autres infériorités aussi efficace-
ment que le peuvent faire les plus riches. L'eau
thermale a les mêmes effets sur Job que sur
Crésus. La naïade bienfaisante prodigue les

mêmes caresses au gros milliardaire et au maigre rentier. Égalité sous la douche ! Fraternité dans le peignoir !

Seulement, par force, tout cela s'établit au détriment de l'élégance, du raffinement, du « chic ». Quantité tue qualité. Deux toilettes, trois ou plus pour les dames; pour nous un complet de flanelle, un smoking pour les soirs de gala. Et c'est tout. Est-ce un bien ? est-ce un mal? Mystère ! Mais que les maris tremblent et que les couturiers se rassurent ! Si la coquetterie perd ses droits ici, elle se rattrape largement ailleurs...

*
* *

Et, ailleurs, c'est un peu les châteaux, pas encore en cette saison; et beaucoup la mer. J'entends la mer élégante, les Deauville, Trouville, Dinard, et autres lieux. Est-ce la grandissime élégance d'autrefois? J'ai idée que non. Mais, si atténuées qu'elles soient, les jouissances oculaires ne manquent point. Le costume de bain, jadis si disgracieux, grotesque même, est devenu une merveille d'ingéniosité et de raffinement. Il enlaidissait les plus jolies; maintenant, il atténue les plus médiocres. Quant aux toilettes du matin, d'après-midi ou du soir, c'est un assaut, un tournoi, dont il est difficile d'assigner le prix. Les belles jouteuses y combattent avec une ardeur inlassable. Songez-donc ! On s'habille à la fois pour soi, pour les hommes — et contre les femmes ! Triple raison qui assure à la coquetterie féminine une pérennité que lui envieraient les ministères les plus tenaces !

Comme il est toujours une logique aux choses, même frivoles, convenons que le cadre des bains de mer sied mieux à la toilette que celui des villes d'eaux. Est-il plus joli spectacle et plus réjouissant que celui d'une de nos plages de Normandie ou de Bretagne, par un beau jour d'été, soit aux heures transparentes du matin, soit par les couchers de soleil somptueux et apaisés?

Les agglomérations humaines gâtent presque toujours la nature. Ici, elles l'animent, la vivifient, la parent. A mi-côte d'une falaise, l'aspect d'une plage mondaine est amusant au possible. Sur le sable ou sur le galet les

fourmis humaines blanches, rouges, noires
s'agitent, se démènent, se groupent, se fuient.
Les têtes des nageurs, émergeant du flot uni
et argenté, semblent des bouchons de liège.
Les petits bateaux qui vont si bien sur l'eau
sortent assurément de quelque boîte de jouets
articulés. Et quand, redescendu sur la plage,
on peut détailler de près les toilettes des
femmes, on trouve, en ce joli cadre, les
nuances plus fines, plus harmonieuses, mieux
fondues ; les lilas apparaissent plus rêveurs, les
roses plus tendres, les mauves plus suggestifs ;
et, mollement agités par une brise follette,
les légers linons et les gazes délicates ont
des courbes plus molles et de plus suaves envo-
lements...

*
* *

Détournons, détournons notre pensée de ces
images profanes et troublantes, ô buveurs
d'eau, mes frères! Contentons-nous des élégances restreintes, mais très distinguées encore,
auxquelles nous condamnent nos destinées.
Nous sommes venus pour nous soigner, nous
ou les nôtres : soignons-nous! Faisons notre

temps avec une âme de territorial résigné!
Ceux qui s'amusent sont les gens frivoles de
l'été; nous en sommes, nous, les gens sérieux.
Soignons-nous. Guérissons-nous. La thérapeu-
tique a fait d'immenses progrès. La science et
l'hygiène... Et pourtant, pourtant!...

Dans son beau livre : *La Philosophie de la
Longévité*, M. Jean Finot, après avoir très énergiquement et très justement démontré les
dangers de l'alcool, ajoute :

«... Cependant, la vénérable Johanna Obst,
qui a atteint l'âge de 155 ans — je dis : *cent
cinquante-cinq* — buvait, depuis déjà si longtemps qu'elle en avait oublié la date, deux
verres d'eau de vie par jour. Un chirurgien
lorrain, Politiman, n'a cessé de boire depuis
sa vingt-cinquième année et s'enivra presque
quotidiennement jusqu'à l'âge de 140 ans — je
dis : *cent quarante.* »

Alors?

Alors, ayons la foi qui sauve, mes frères!
Buvons de l'eau chaude et douchons-nous!

La Bourboule, 1901.

AU PAYS DES CIGALES

… Du soleil, de la poussière, des cris, des discours, des toasts, des inaugurations, des vins
d'honneur, des fanfares, des déjeuners, des
dîners, des banquets, des enthousiasmes, des
serrements de main, de petits hommes avec de
grands gestes, des drapeaux claquant au vent,
des routes blanches, des platanes verts, des
ciels bleus, des collines violettes, un large
fleuve jaune, et, comme motif principal, le
vaste théâtre d'Orange avec ses douze mille
spectateurs, sa scène blanchie par l'électricité et dominée par la gigantesque et admirable muraille que l'on sait, — tout cela,
au retour, me tourbillonne dans la tête, me
danse devant les yeux, me bourdonne dans
les oreilles.

Et j'éprouve, en jetant sur le papier ces quel-

ques notes rapides, comme un apaisement
mental, une véritable joie de faire le tri de ces
impressions fugitives ou violentes, de mettre
un peu d'ordre dans mon cerveau...

*   *

31 juillet. — Gare de Lyon. Animation
extraordinaire. Songez donc! Départ des cigaliers et félibres, départ du Président, lendemain de distributions de prix... Triple exode.
Sans compter que c'est un samedi et que les
trains de banlieue sont bondés.

J'observe, tout en dînant au buffet, que l'éducation du chemin de fer s'est bien faite chez
nous depuis quelques années. Le *Tracassin*
du départ n'existe plus guère. On voit rarement des familles éplorées, chargées d'invraisemblables paquets, courir d'un bout à l'autre
de la gare sonore, tantôt se bousculant, tantôt
se cherchant, se disputant toujours. Cela s'est
assagi, calmé. On prend son temps, on va où
il faut, quand il faut. Le chemin de fer est
définitivement entré dans nos mœurs, pourrait
affirmer Joseph Prudhomme. Place à l'auto-

mobilisme maintenant... car l'humanité ne se repose jamais.

Le hasard m'octroie un aimable compagnon de wagon, Benjamin Constant, peintre célèbre... et cigalier de Toulouse [1]. Il veut bien me donner la primeur des deux charmantes harangues qu'il prononcera au cours du voyage. Et nous nous endormons littérairement.

* *

1er août. — Arrivée à Valence vers six heures du matin. « A Valence, le Midi commence », proclame le dicton. En effet, il fait déjà très chaud.

... « Comme nous ne nous connaissons ni l'un ni l'autre, pour ne pas nous manquer, je vous attendrai à l'arrivée du train, devant la statue de Bancel, un journal à la main ». Voilà ce que m'écrivait, deux ou trois jours auparavant, M. Victor Colomb, l'aimable Valentinois qui m'a offert une gracieuse hospitalité. Donc, au saut du train, je me suis dirigé vers la statue de Bancel... Un monsieur... Un jour-

1. Décédé en 1902.

nal à la main de ce monsieur... Pas de doute possible, c'est mon hôte. Et l'on se serre la main, et, côte à côte, on se dirige vers la rue du Jeu-de-Paume. La ville est déjà en l'air, malgré l'heure matinale ; les drapeaux s'agitent gaiement aux fenêtres ; nous croisons un peloton de hussards précédé d'une fanfare éclatante.

A peine entré chez M. Victor Colomb, je m'aperçois que je suis chez un lettré, un bibliophile passionné. Il veut bien me montrer des éditions rares, de précieux autographes. Les poètes surtout sont en honneur chez mon hôte. Comment ne pas nous entendre ? Nous causons, nous causons, l'heure passe, et pour un peu, nous oublierions que dans l'après-midi nous devons assister à l'inauguration de deux statues. Oui, deux, dès le premier jour du voyage : celle d'Émile Augier et celle de Bancel ; la littérature et la politique !

Le Président Félix Faure, arrivé ce matin, est naturellement obligé d'assister aux deux inaugurations. Ma modeste personnalité est plus indépendante. Entre Augier et Bancel, je n'hésite pas, et c'est par un soleil tapant que je me dirige vers la place de la République.

où se dresse fièrement — et très haut — la statue de l'auteur des *Fourchambault*.

Gustave Droz a écrit jadis un charmant volume : *Autour d'une source*. A propos de ce monument d'Augier, on en pourrait écrire un autre : *Autour d'une statue*. Mais n'entrons point dans le détail de ces petites discussions locales qui ont passionné Valence et divisé la ville en deux camps ennemis. Augier a sa statue. Sa grande et noble personnalité a reçu l'honneur qui lui était dû. Le reste importe peu.

Autour du monument, la foule s'amasse. Aux fenêtres des maisons, les têtes se penchent, curieuses. Avant même qu'il y ait quelque chose à voir, des protestations s'élèvent contre les ombrelles des dames. Tradition populaire en pareilles cérémonies. Le Président arrive enfin, toujours souriant. A peine a-t-il pris place sous la tente que les discours commencent, nombreux. Ceux de Jules Claretie et de Benjamin Constant paraissent réunir tous les suffrages. Contre la tente présidentielle, madame la duchesse d'Uzès, très simplement et discrètement habillée, écoute les orateurs. En arrivant, elle a, d'un coup de fusain, apposé sa signature sur le socle de la statue, son œuvre. La cérémonie terminée, le Président se lève et s'incline devant elle, en la complimentant.

Le soir, représentation au théâtre. *Ode à Valence*, d'un style peut-être un peu sévère pour un profane comme moi, mais d'une très savante exécution, de M. Vincent d'Indy. Puis représentation de l'*Aventurière* par la troupe du Théâtre-Français. Ensemble excellent. Après le couronnement du buste d'Augier, le Président s'éclipse. Est-ce pour aller voir le feu d'artifice que l'on tire sur la place Championnet? Est-ce simplement pour aller prendre un repos bien gagné? La journée de demain devant être rude, cette dernière supposition m'a paru la plus vraisemblable...

Lundi 2 août. — La descente du Rhône! Je l'avais faite voilà trois ans, et j'en avais gardé un exquis souvenir. On s'était alors embarqué à Lyon, et ç'avait été jusqu'à Avignon un

enchantement perpétuel. Temps splendide,
bateau unique où l'on s'entassait quelque peu,
mais si joyeusement; déjeuner à Tournon sous
les ombrages; arrivée à Orange par un presti-
gieux coucher de soleil...

Quatre bateaux cette fois-ci : celui de la Pré-
sidence, celui de la presse, celui du comité de la
statue d'Émile Augier, celui des félibres et
cigaliers. Plus de monde, mais divisé. Je suis
du dernier bateau, celui du félibrige, et nous
ne récoltons, sur les bords du fleuve, que des
ovations maigres et clairsemées, déjà épuisées
en l'honneur de ceux qui nous précèdent. Le
Président de la République fait évidemment
tort, cette année, à la gloire félibréenne.

Escale à Bourg-Saint-Andéol. Réception
municipale, vin d'honneur à la mairie, visite à
la fontaine de Tourne, félibrée à l'autel de
Mythra, allocution de M. Pierre Laffitte, du
Collège de France... Voilà ce que disait le programme. J'ai vu seulement, pour ma part, une
foule compacte, grouillante, sous un soleil
d'orage, et, pour tout discours, je n'ai entendu
que cette exclamation échappée à une vigoureuse Provençale, en extase devant cette

poussée humaine : « Boun Dious! Y en a de l'homme, ici! »

Déjeuner tardif à bord. Paul Mariéton, chancelier du félibrige, Mariéton l'infatigable, Mariéton l'universel, Mariéton l'organisateur des triomphes félibréens, se multiplie, et grâce à lui, grâce à son zèle toujours en éveil, des tables se dressent sur le pont, les victuailles arrivent, les bouchons de vin de Champagne sautent... Vive Mariéton!

Mais le pouvoir de Mariéton a des bornes. S'il s'impose aux humains, il s'arrête devant les éléments. L'orage menaçant éclate, le tonnerre gronde, la pluie ruisselle, et c'est assez piteusement que se fait notre entrée à Avignon.

Le soir, représentation des *Érynnies* au théâtre d'Orange. Que de craintes ne devait-on pas concevoir par ce temps troublé! Les dieux ont été avec nous. Ils n'ont pas voulu que tant de gens, venus de si loin, se morfondissent sous la pluie en entendant l'œuvre magistrale de Leconte de Lisle. Le ciel s'est rasséréné, et, si ce n'est pas une de ces belles soirées de Provence chantées par les poètes, si les étoiles ne brillent que timidement au ciel, du moins

la température est-elle assez clémente et le vent
assez faible pour que nous puissions jouir pleinement du spectacle offert.

Pas de description du théâtre d'Orange,
n'est-ce pas? On commence à en être rassasié.
Mais j'ai été quelque peu étonné des restric-
tions faites sur le succès des *Érynnies*. Il me
semble, au contraire, qu'il s'est affirmé éclatant, dès le début de la pièce, et n'a cessé de
grandir jusqu'à la fin. Pour ma part, j'ai été
profondément impressionné. La tragédie de
Leconte de Lisle m'a semblé tout à fait à sa
place en ce cadre antique. Et quelle merveil-
leuse interprétation! Les deux Mounet, mademoiselle Dudlay, madame Lerou, pour ne
citer que les principaux artistes, m'ont paru
dignes des plus grands éloges. Et l'orchestre
de Colonne exécutant l'admirable musique de
Massenet! Un délice.

Pour les *Fêtes d'Apollon*, de Louis Gallet,
j'ai constaté aussi des sévérités excessives.
Étaient-elles de saison pour un à-propos ingénieux, somme toute, et dont quelques vers
m'ont vigoureusement ou gracieusement chanté
à l'oreille? Et n'était-ce rien de voir madame

Worms-Barretta en charmante cigale, mesdemoiselles Moreno en muse, Rachel Boyer en Gauloise, Lara en Arlésienne et mademoiselle Bartet, enfin, en « France », superbement costumée, une adorable France, qui nous faisait encore plus aimer notre pays?

> Qu'on était fier d'être Français
> Quand on regardait cette France!...

Maintenant, peut-être suis-je trop « bon public ». Ma foi, tant mieux!

***

Mardi 3 août. — Seconde représentation au théâtre d'Orange. Temps superbe et doux, cette fois. Une véritable nuit de Provence. Jouée voilà trois ans, *Antigone* a retrouvé son grand succès, plus grand encore peut-être. Que dire de Bartet, de Mounet-Sully, de tous les admirables artistes de la Comédie-Française, qui n'ait déjà été dit? Et comment les remercier de la grande sensation d'art qu'il nous ont donnée?

Au retour, discussion sur l'avenir du théâtre d'Orange. D'aucuns n'y croient guère. D'autres, et j'en suis, y croient fermement[1]. Certes, il y a « encore à faire », comme on dit. Mais ce sont uniquement des questions matérielles à résoudre. Les bonnes volontés réunies y parviendront. Il serait désolant que ces belles représentations dussent cesser. Ne fût-ce que par amour-propre national, nous devons avoir notre Bayreuth français !

**

Mercredi 1 août. — Avignon est la plus délicieuse ville qui soit. Le désir vous prend d'y vivre, et la certitude s'impose qu'on y vivrait heureux. La cité n'est ni trop grande ni trop

1. L'avenir a donné pleinement raison à ces prévisions optimistes. Les représentations au théâtre d'Orange sont chaque année de plus en plus suivies. Non seulement elles ont fait applaudir des chefs-d'œuvre consacrés, mais elles ont mis en lumière des talents nouveaux. Je citerai, entre autres, le nom de Georges Rivollet, dont l'*Alkestis* et les *Phéniciennes* triomphèrent à plusieurs reprises, et si légitimement. Qu'il me soit permis, sans vouloir trop plaider *pro domo mea*, d'espérer qu'un jour viendra ou l'on applaudira aussi, à Orange, la *Fille d'Eschyle*, la tragédie de Joseph Autran, qui, depuis son très grand succès à l'Odéon, en 1848, ne fut jamais reprise. L'œuvre est très noble et c'est l'œuvre d'un poète méridional, plus encore ! marseillais. A ce double titre, n'a-t-elle pas quelque droit à revivre, un soir, sur le théâtre d'Orange ?

petite ; les habitants en paraissent polis, doux, peu bruyants pour des méridionaux. Dans les rues — je parle des rues éloignées du centre — les passants sont rares, un silence délicieux règne, une ombre fraîche sommeille, les vieilles maisons, les aristocratiques hôtels ont des airs distingués et recueillis.

Les campagnes d'alentour ont été justement nommées le jardin de la Provence. C'est tout dire, n'est-ce pas? Quand une ville joint à cela ses anciennes murailles, son château des Papes, l'admirable vue de Villeneuve-lès-Avignon, l'île de la Barthelasse, et, aux environs, la Fontaine de Vaucluse, les Baux, que sais-je encore? elle peut se vanter d'être une jolie ville, et on a le devoir, quand on y passe, de lui faire une petite visite. A cela je n'ai point failli, si connue que me soit la vieille cité des Papes, où je viens peut-être pour la dixième fois. Et cette promenade en ville m'a fait manquer la fête de Châteauneuf-des-Papes, où a eu lieu l'inauguration du bas-relief consacré à la mémoire du poète provençal Anselme Mathieu.

**

Jeudi 5 août. — La fête arlésienne promise
par le programme du félibrige n'ayant pas lieu,
je ne puis, si près de Marseille, résister au désir
d'aller voir dans la banlieue de la cité phocéenne
une petite maison qui m'est chère et que je
n'ai jamais vue que pendant les mois d'hiver.
En route donc, dès le matin, par le rapide, qui,
entre parenthèses, arrive avec plus d'une heure
de retard.

Voyagé avec un jeune officier de spahis, un
enfant de Paris, qui va rejoindre au fort Mac-
Mahon. Il a déjà fait trois ans là-bas, aux
avant-postes, sous la tente, toujours en éveil.
Un rude séjour. Des chaleurs torrides, de
l'eau magnésienne, et la perspective probable et prochaine d'être tué dans un combat
de nuit, à tant de lieues du boulevard. Mais
un an encore, et si le Dieu des batailles veut
bien le permettre, on reviendra capitaine avec
la croix...

Me voici, vers midi, dans notre « bastide »,
entre Marseille et Aix. La maison, si remplie
quelques mois auparavant, est close et vide.

Le vent, qui s'est élevé, soulève en tourbillons la poussière de la route. Le ciel est gris et la pluie semble menacer. Elle serait la bienvenue. Voilà cinq mois qu'il n'est tombé une goutte d'eau. « La grosse chécheresse! » comme disent nos paysans provençaux. Cette fois encore, on en sera pour une espérance vaine, et tout, arbres et plantes, continuera de roussir.

Somme toute, une impression triste. Il ne faut jamais voir, silencieuses et désertes, les maisons où l'on a vécu heureux, en compagnie d'êtres aimés...

Vendredi 6 août. — A neuf heures du matin, départ en voiture d'Avignon pour Saint-Rémi où se rendent félibres et cigaliers. Il fait déjà très chaud. Mais c'est la bonne, la sincère chaleur du Midi. Rien de cette chaleur orageuse et perfidement accablante de Paris. Pas de surprise. On a chaud, mais aucun malaise, aucune souffrance. Et l'ombre est si délicieuse!

L'hôtel de ville de Saint-Rémi — coquet

petit bâtiment tout blanc — regorge de monde.
Dans la grande salle, on prend le vin d'honneur. Des discours, naturellement. Madame
Maujan, fille de Martel, l'ancien artiste de
la Comédie-Française, petite-fille de Caristie
Martel, dit superbement quelques vers. Puis
tout le monde se groupe sur les marches de
l'escalier; une draperie rouge tombe et voici
qu'apparaît le médaillon d'Antonius Arena,
œuvre très distinguée du sculpteur Demaille.
Connaissez-vous beaucoup Antonius Arena?
Moi, je n'avais, sur ce poète macaronique,
jadis magistrat à Saint-Rémi, que des notions
assez vagues, pour ne pas dire plus. M. Georges
Niel, en un discours charmant, plein d'une
fine grâce littéraire, nous donne une esquisse
très délicate de cette originale figure. On l'applaudit vigoureusement et l'on va déjeuner
chez Teston. Teston est le directeur de l'hôtel
de Saint-Rémi. Déjeuner très gai, sous une
tente, à l'abri des rayons du soleil. Au dessert,
plusieurs discours en provençal et en français.
Puis en route pour les monuments antiques!...

Sous le soleil, devant les Alpilles mouvemen-
tées, ils se dressent en pleine vigueur. Tous,

félibres, cigaliers ou simples touristes, nous admirons ces deux merveilles de grâce et d'élégance, dont les années respectueuses n'ont pas altéré la beauté...

Et zou! zou! à Maillane maintenant, Maillane, le joli village provençal où naquit Mistral, où il a passé sa vie et fleurit encore, toujours jeune en sa verte vieillesse. Dès l'entrée du village, nous sommes accueillis par ce cri : « Vivent les poètes! » poussé par les paysans assemblés. Cri rare aux temps où nous sommes et qui surprend autant qu'il charme...

En foule, nous arrivons devant la maison de l'auteur de *Mireille*. Il est là, calme et digne, la figure souriante, nous attendant sur le seuil. On entre dans la salle fraîche, où après quelques paroles échangées, pleines de cœur et d'émotion, de beaux fruits sont servis, avec du miel doré. Puis, dans le petit jardin, près du puits où coule une eau limpide, ce sont de nouveaux discours et de joyeuses libations. On entonne religieusement la *Coupo Santo*, le vigoureux cantique du Félibrige. L'heure presse, le soir vient, Avignon est loin encore. Il faut partir. Pas avant cependant

que M. Jean Carrère, parlant au peuple de
Maillane, ne nous ait donné l'impression du
véritable orateur improvisateur, à la parole
chaude et vibrante, aux hardies et éloquentes
envolées.

Dernier adieu au grand poète provençal;
départ aux accents de la fanfare du pays, aux
acclamations de tous ces braves gens qui, jusqu'au dernier moment, crient à pleine voix :
« Vivent les poètes! vivent les poètes! » avec
un accent qui donne encore plus de valeur à
leurs paroles...

*
* *

Samedi 7 août. — Obligé de revenir à Paris,
je ne puis aller jusqu'à Sisteron pour l'inauguration du monument de Paul Arène. Mon regret
en est vif. La statue du sculpteur Injalbert
est, m'a-t-on dit, une œuvre d'art superbe.
Elle sera digne de l'exquis auteur de *Jean des
Figues*. Elle consacrera la mémoire du lettré
délicat, du Provençal amoureux de la Provence
qui trouva, pour la célébrer, des accents si

justes et si émus; du poète pénétrant qui
naquit — comme il nous l'a dit — un matin
que les cigales chantaient et que les figues
« faisaient la perle » — et qui mourut là-bas,
sur la côte d'azur, devant cette mer bleue qu'il
aimait tant!

Août 1897.

« THE SUBALTERN »

JOURNAL D'UN OFFICIER ANGLAIS (1813-1814.)

Pendant un récent séjour à Biarritz, je fis, avec un ami, l'ascension de la Rhune, dernière montagne de la chaîne des Pyrénées, du côté du golfe de Gascogne. La course est rarement entreprise par les baigneurs mondains de Biarritz. Le mauvais état des sentiers, remplis de pierres roulantes, la rend quelque peu fatigante. Mais la vue dont on jouit du sommet est admirable.

Au Sud, la frontière montagneuse de l'Espagne, avec la Bidassoa et Fontarabie au premier plan ; à l'Est, le commencement des Pyrénées, dont les croupes s'étagent dans un lointain brumeux ; à l'Ouest, l'Océan aux côtes dentelées ; au Nord enfin, l'immense plaine de France, bien cultivée, toute semée de maisons blanches ;

Hendaye, Saint-Jean-de-Luz, et, à l'horizon, Bayonne et l'embouchure de l'Adour.

Nous regardions ce superbe panorama, tandis qu'au-dessus de nos têtes une famille de vautours, troublée par notre présence, planait silencieusement. Et, l'heure avançant, nous nous préparions à descendre, quand notre guide, Basque parlant un français presque inintelligible, nous fit remarquer, à quelques pas, une sorte de petit fortin en ruines.

— Construit pendant l'invasion de 1814, baragouina-t-il avec une intonation mystérieuse.

Dans tout ce pays, l'entrée de l'armée alliée et le siège de Bayonne, — le blocus, comme ils disent, — a laissé les plus vivaces souvenirs. On cite quelques très vieilles gens, — notamment le garde du cimetière des Anglais, au plateau de Saint-Étienne, — qui ont assisté à ces luttes héroïques où le maréchal Soult, avec des troupes composées pour la plus grande part de recrues imberbes, sut tenir tête aux forces de Wellington...

.*.

Quoi de plus passionnant pour le touriste
que de vivre dans une contrée où des événements intéressant notre histoire nationale ont
si puissamment marqué? De la cime où nous
étions, tous les détails du pays, toutes les
positions stratégiques apparaissaient avec la
netteté d'une carte en relief. La vue de ces
quelques pierres sèches, autour desquelles on
s'était battu, que le sang humain avait rougies
peut-être, éveillait l'image des combats d'alors,
où la valeur individuelle tenait une plus grande
place, où l'héroïsme et l'exaltation de tous les
sentiments de dévouement et d'oubli de soi
auréolaient, en quelque sorte, les hideurs de
la guerre. L'imagination aidant, nous croyions
apercevoir les voltigeurs français, frêles sous
leurs grands shakos à plumets droits, se défen-
dant rageusement contre les soldats anglais,
rouges et rigides, qui foulaient d'un pas lourd
la terre de France, la terre sacrée...

Revenu à Biarritz tout plein de ces idées,
j'eus la bonne fortune de rencontrer un jeune

littérateur de talent, M. Louis Labat[1]. Bayonnais de naissance et de cœur, il comprit l'intérêt
que je prenais à ces événements passés. C'est à
son obligeance que je dois de connaître le petit
volume de mémoires dont je voudrais dire
quelques mots.

The Subaltern, tel est son titre[2]. C'est le récit
au jour le jour, par un officier subalterne de
l'armée anglaise, du siège de Bayonne et des
opérations qui l'ont précédé. Ce petit ouvrage
est assez connu en Angleterre. Plusieurs éditions en ont paru. M. Charles Guiard en a
donné une excellente traduction française sous
ce titre : DE SAINT-SÉBASTIEN A BAYONNE, *journal
de campagne d'un officier subalterne de l'armée
de Wellington (1813-1814)*[3].

C'est déjà un intérêt à nos yeux, pour des
mémoires militaires, d'avoir été écrits non par
un Français, mais par un ennemi; et — cela

---

1. Aujourd'hui, si je ne me trompe, M. Labat est le secrétaire d'Edmond Rostand.

2. *William Blackwood and sons*, editors ; Edimburgh and Lon-
don.

3. Cette traduction, publiée d'abord par *le Courrier de
Bayonne*, a paru en volume à l'imprimerie Lamaignière
(Bayonne). C'est à ce volume que nous emprunterons nos
extraits.

apparaît dès les premières pages, — par un ennemi sans haine et d'une impartialité absolue.
Au cours de la publication de ses Mémoires
dans *le Courrier de Bayonne*, le Révérend
R. Gleigh existait encore. Entré dans les ordres
peu après avoir quitté l'armée, le vénérable
vieillard venait, quelques années auparavant,
de publier un ouvrage sur des questions reli-
gieuses[1]. En 1813, — tel du moins qu'il nous
apparaît à travers ses Mémoires, — c'est un
tout jeune homme de dix-sept ans, de bonne
famille, d'esprit moyen, mais délicat, sentimental comme on l'était alors, épris de pittoresque, passionné pour son métier, acceptant
avec une égale bonne humeur les souffrances
et les dangers d'une pénible campagne, ren-
dant pleine justice au courage de ses adver-
saires qu'il appelle de « nobles ennemis », et
capable, à l'occasion, d'une sensibilité géné-
reuse dont son courage n'est pas amoindri.

Comme il l'avoue lui-même, il ne se pique
pas d'écrire, et les négligences, les répétitions
fourmillent dans son œuvre. Mais cette absence

---

1 Le Révérend R. Gleigh est aussi l'auteur d'une *Vie du
duc de Wellington*.

de tout apprêt, cette ingénuité y sont un
charme...

.·.

C'est par une belle matinée de mai 1813,
nous apprend le jeune lieutenant, que le
85e régiment de ligne se rassemble sur le champ
de parade de Hythe, prêt à partir pour Douvres,
port d'embarquement. Et, dès ces premières
pages, se place une anecdote touchante et jetant
un jour curieux sur la possibilité qu'avaient à
cette époque les femmes des militaires anglais
de suivre l'armée, quand le sort leur était favorable.

Un jeune soldat écossais, Duncan, est récemment marié à une jeune femme qu'il adore.
Séparée de son époux depuis longtemps, Mary
parvient enfin, malgré son état de grossesse
avancé, à le rejoindre, quand l'ordre de départ
arrive :

Ce malheureux couple était à peine réuni, qu'il allait
avoir à se séparer de nouveau. Le nom de la pauvre
Mary se trouva parmi celui des femmes qui ne devaient
pas suivre le régiment, et le langage ne saurait peindre

la scène qui eut lieu. Je n'étais pas là quand les femmes
tirèrent leurs billets; mais M. Intyre me raconta que,
quand elle déplia le sien et qu'elle lut les lettres fatales :
« Pour rester », elle le regarda, les bras tendus pendant quelques minutes, sans parler; ses joues, qui tour
à tour se couvraient de rougeur et d'une pâleur mortelle, trahissaient seules la profondeur du coup qui la
frappait. A la fin, accablée par le sentiment de son
malheur, elle froissa le billet entre ses mains et tomba
sans connaissance dans les bras d'une femme qui se
trouvait à côté d'elle.

La pauvre Mary meurt quelques jours après.
Le jeune lieutenant lui donne un souvenir
ému. Mais, à l'en croire, et sans vouloir médire
des dames anglaises, toutes n'étaient pas aussi
sensibles que Mary. Un autre passage du volume
le prouve de façon péremptoire. Il s'agit d'une
attaque de nuit :

Nos feux étaient éteints; la lune ne paraissait pas, et
les étoiles étaient en grande partie cachées par les
nuages; mais nous formâmes nos rangs instinctive-
ment et dans le plus profond silence. J'ai toujours été
frappé dans ces occasions de la grande indifférence des
femmes. Rarement un cri d'alarme leur échappait; elles
deviennent, probablement par l'habitude et l'exemple
des autres, aussi indifférentes au danger que leurs
maris. Je crois aussi qu'une des conséquences de la vie
qu'elles mènent, quand elles ont suivi pendant quelque
temps l'armée en campagne, est d'en faire une sorte de
sexe neutre. Du moins je ne me rappelle pas un seul

cas de chagrin réel parmi elles, même pour celles que
le destin des combats avait rendues veuves. Soixante
femmes seulement ayant la permission d'accompagner
un bataillon, elles sont sûres d'avoir autant de maris
qu'elles en veulent choisir, et peu d'entre elles restent
longtemps veuves, tant cette classe de femmes est favo-
risée.

A cause des vents contraires, c'est seulement
le 18 août, plus de deux mois après le départ,
qu'on arrive en vue des côtes d'Espagne, devant
Saint-Sébastien, dont l'auteur nous raconte la
prise. Il n'y est pas acteur, mais seulement
témoin, son régiment n'étant pas engagé. Les
alliés, repoussés à leur premier assaut, quelque
temps auparavant, renouvellent leur tentative.
Les assiégés résistent avec opiniâtreté[1]; un
moment de plus, et les assaillants vont être
encore une fois repoussés, quand une bombe
met le feu à une traînée de poudre communi-
quant avec une mine placée sous la brèche et
à laquelle les Français avaient l'intention de
mettre le feu dès que l'ennemi aurait pris pied
sur le rempart. L'explosion a lieu; trois cents

1. Le brave général qui défendit Saint-Sébastien avait
nom Emmanuel Qey.

grenadiers français, l'élite de la garnison, sont projetés en l'air :

L'effet fut tel sur ceux qui assistaient à cette scène que pendant une demi-minute, pas un coup de feu ne fut tiré de côté ni d'autre. Les deux partis regardaient stupéfaits le ravage produit par l'explosion, et l'on aurait entendu le bruit d'un chuchotement à plusieurs mètres de distance.

Cet entr'acte muet, imposé par l'effroi, n'est-il pas saisissant?

Plus douce et plus reposante est la description que nous donne notre lieutenant de sa première nuit de bivouac, avec tout l'enthousiasme de ses dix-sept ans :

C'était la première nuit de ma vie que je passais au bivouac, et je me rappelle parfaitement l'impression qu'elle me fit. Le contraste était grand après mon long emprisonnement à bord d'un navire; la saison était extraordinairement douce, il n'y avait pas un souffle dans l'air, et tout respirait la fraîcheur et l'agrément autour de moi. Être appelé à dormir sous la voûte du ciel, enveloppé dans mon manteau, avec mon sabre suspendu au-dessus de ma tête aux branches d'un arbre et mon chien couché à mes pieds, cela seul suffisait à me faire comprendre que ma vie militaire commençait véritablement. En regardant autour de moi, je voyais les armes en faisceaux, éclairées par la lumière de vingt feux qui jetaient une brillante clarté sur le feuillage qui nous abritait. Les hommes étaient enveloppés

dans leur grande capote, étendus ou assis en groupes
énergiques autour de ces feux ; j'entendais leur causerie
joyeuse, leur rire insouciant et franc, et de temps à
autre un lambeau de chanson fredonné par une ou
deux voix : tout cela, je m'en souviens, était délicieusement surexcitant. J'appuyai ma tête contre un arbre et,
mettant ma pipe à la bouche, je lançai des bouffées de
fumée dans un état d'esprit qu'un monarque aurait pu
envier et que je ne retrouvai jamais depuis.

Saint-Sébastien pris, incendié et pillé, — car
la malheureuse ville connut toutes les horreurs
de la guerre, — les alliés accentuent leur
marche en avant. C'est pendant ce mouvement
que le jeune officier aperçoit pour la première
fois Wellington. L'épisode est joliment raconté,
et le portrait du célèbre général d'une exactitude qui s'impose :

... Cette marche pénible durait depuis cinq heures
lorsque, en arrivant sur le sommet d'une hauteur, nous
fûmes rejoints par quatre officiers à cheval, dont l'un
tenait la tête du groupe, les autres le suivant sur une
même ligne. Celui qui était en avant, maigre, bien fait,
de moyenne stature, avait à peine passé le printemps
de la vie. Il était vêtu d'un habit gris uni, boutonné
jusqu'au menton ; il portait un chapeau à claque recou-
vert de toile cirée, des pantalons gris avec des bottes
bouclées sur le côté et un léger sabre de cavalerie.
Quoique je ne le connusse pas, il y avait une clarté
dans son œil qui indiquait quelque chose de plus qu'un
aide de camp ou un général de brigade. Je ne restai pas

longtemps dans le doute : nous avions dans nos rangs
beaucoup de vétérans qui avaient servi dans la Pénin-
sule pendant la première campagne : ils reconnurent
aussitôt leur ancien général et se mirent à crier :
« Duro! Duro! » titre familier donné par les soldats au
duc de Wellington : ce cri fut suivi d'acclamations
répétées auxquelles il répondit en ôtant son chapeau et
en s'inclinant. Après avoir loué l'aspect et la tenue de
la colonne et causé un moment avec le commandant, il
donna l'ordre de nous faire arrêter là et continua sa route.

Je voyais alors le grand capitaine pour la première
fois et je le regardai avec cette admiration et ce respect
qu'un soldat de dix-sept ans, passionné pour sa profes-
sion, devait ressentir pour l'homme qui en était à ses
yeux la plus belle gloire. Rien en lui ne semblait indi-
quer une vie dépensée dans les fatigues et les travaux
pénibles, et ses traits ne portaient pas l'empreinte du
souci ni de l'anxiété. Ses joues, au contraire, quoique
brunies par le soleil, brillaient des teintes rosées de la
santé, et le sourire de satisfaction qui s'épanouissait
autour de sa bouche disait plus clairement que des
paroles combien il se sentait parfaitement à l'aise. En
le regardant, je fus convaincu qu'une armée commandée
par lui ne pouvait pas être battue.

Notre auteur nous apprend plus loin que
« Duro » ne se contentait pas d'être le tacticien
que chacun sait, mais qu'encore, en véritable
Anglais, il se livrait avec ardeur au sport favori
de son pays. Cette guerre, — plus lente, sinon
moins meurtrière que nos guerres d'aujour-
d'hui, et que la prudence réfléchie de Wel-

lington rendait plus lente encore, — laissait de
nombreux loisirs aux troupes alliées et permettait aux officiers de prendre des distractions
et des plaisirs qui eussent été incompatibles
avec les exigences d'une campagne rapide.
C'est ainsi que Wellington avait fait venir ses
lévriers d'Angleterre et chassait régulièrement
deux fois par semaine, « comme un habitant
du Leicestershire ». Les chevaux n'étaient pas
des meilleurs; mais les chasseurs ne man-
quaient pas d'entrain :

On aurait trouvé difficilement un terrain plus fertile
en incidents burlesques, et personne ne s'amusait plus
joyeusement que le vaillant marquis. Quand les chiens
étaient lâchés, ce n'était plus le général en chef de trois
armées et le représentant de trois souverains; c'était
un gentilhomme campagnard sans souci, qui galopait
de tous côtés et riait plus haut que les autres lorsqu'il
tombait ou qu'il assistait à la chute de ses compagnons.

Si le général en chef était le seul qui eût
une meute et chassât à courre, les officiers
ordinaires occupaient leurs loisirs par la chasse
à tir et la pêche. Notre lieutenant contribuait,
pour sa part, à varier le menu un peu monotone de la table des officiers en y apportant
lièvres, perdreaux et bécasses. Les truites de

la Bidassoa et de la Nive étaient aussi fort appréciées par les palais britanniques. Au reste, ainsi que dans tous les récits de campagne sincères, où elle tient, et à juste titre, une très grande place, la préoccupation du boire et du manger, de la « popotte » comme on dit aujourd'hui, ne laisse pas que d'être très vive dans l'esprit du narrateur. Le « grog » et le « beef » sont des mots qui reviennent souvent sous sa plume, et voici quelques lignes où l'on sent l'expression d'un bien-être physique et presque animal, très justifié d'ailleurs à la suite d'une journée de fatigue et de dangers :

A peine eûmes-nous échangé nos vêtements mouillés et boueux contre d'autres plus secs, qu'un énorme morceau de roastbeef fumant fut apporté sur la table. Nos fidèles domestiques avaient fait en outre d'amples provisions de vin; une ou deux bouteilles de champagne avec du bordeaux de bonne qualité et une petite bière française claire, légère et d'un arome agréable, firent admirablement descendre les parties solides du repas. Pour compléter la fête, quelques amis étant entrés quand la nappe fut levée, nous allumâmes nos cigares, et l'atmosphère de l'appartement se trouva bientôt imprégnée de la délicieuse fumée du tabac, que nous envoyions par bouffées au plafond; le silence n'était troublé que par quelques soupirs de satisfaction et par le bruit des verres que nous portions à nos lèvres.

A la fin, cependant, la fatigue de la journée l'emporta : nous avions été sous les armes depuis quatre heures du matin jusqu'à neuf heures du soir, sans manger, sans pouvoir délasser un moment nos corps et nos esprits, et, comme les animaux qui ont jeûné longtemps, nous nous étions ensuite gorgés. La sensation agréable du repas dégénéra peu à peu en langueur et le sommeil nous mit ses doigts de plomb sur les paupières. Je ne crois pas qu'une demi-douzaine de phrases, d'une longueur ordinaire, avaient été placées, quand, vers onze heures, nous bûmes notre dernier verre de vin, et que, nos hôtes s'étant retirés, nous nous jetâmes sur nos paillasses...

Il est à remarquer que, dans presque toutes les guerres entre nations civilisées, ce souci de la nourriture, ce besoin constant du soldat d'assurer et d'améliorer son ordinaire, crée en quelque sorte un lien, une communauté de vie entre les parties belligérantes. On s'est battu furieusement hier, on se battra encore demain ; aujourd'hui, aucun engagement n'a lieu, une manière de trêve tacite s'établit, on se rapproche, les avant-postes fraternisent, les soldats cessent d'être des ennemis pour redevenir des hommes et comprendre les souffrances et les désirs que peuvent éprouver d'autres hommes.

Le lieutenant nous raconte, « comme preuve de l'excellente intelligence qui régnait entre les

armées belligérantes », que plus d'une fois,
pêchant dans la Bidassoa, il s'avança dans l'eau
jusqu'au milieu de la rivière, les piquets de
l'ennemi étant sur la rive opposée :

> Les soldats français descendaient en foule pour assis-
> ter à mes exploits et me désignaient les endroits où je
> pouvais espérer la meilleure pêche. Dans ces occa-
> sions, la seule précaution dont j'usais était de me
> mettre une jaquette rouge, et je pouvais alors approcher
> sans aucun risque à quelques mètres de leurs sen-
> tinelles.

Plus tard, peu avant l'investissement de
Bayonne, après une suite de combats meur-
triers où on s'était massacré avec rage, le jeune
Anglais se trouve en grand'garde, à deux portées de fusil à peine de l'ennemi. Un officier
français arrive en parlementaire. Il est porteur
de lettres d'officiers anglais et de soldats pris
dans les dernières actions; il les lui tend, ainsi
que plusieurs sommes d'argent et des vêtements de rechange pour les Français prison-
niers des Anglais. La conversation s'engage
entre les deux officiers; un serrement de mains
la termine, et on se quitte les meilleurs amis du
monde :

Je n'avais pas encore atteint le haut de la colline,
raconte-t-il ensuite, que je m'entendis appeler par une
sentinelle; en me retournant, je vis l'individu avec qui
j'avais causé, assis au milieu d'un petit groupe d'officiers français, et suivant des yeux une vieille femme
qui s'approchait de nos lignes avec une grande bouteille
qu'elle élevait en l'air pour attirer mon attention. Elle
avançait ainsi en criant sans cesse à haute voix, et
quand je l'eus rejointe à quelques mètres en avant des
sentinelles, elle me donna la bouteille qui contenait de
l'eau-de-vie et qui était un cadeau des officiers français.
Ceux-ci me faisaient dire que si je pouvais leur remettre
un peu de thé en échange, ils me seraient fort obligés.
Je répondis à mon Mercure femelle que je n'en avais
pas avec moi; je la chargeai cependant de tous mes
remerciements pour ces messieurs et de les informer
que j'en envoyais chercher au camp. Elle partit en me
promettant de rester en vue une demi-heure et de
s'approcher dès que je lui ferais signe.

Mon clairon se dépêcha et revint bientôt avec un
quart de livre de thé noir environ, la moitié de ce qui
restait dans ma cantine. Les officiers français avaient
attendu, assis à la même place, et tous se levèrent
quand j'agitai mon bonnet. La vieille femme aperçut
immédiatement le signal; elle s'approcha, je lui remis
le paquet avec des excuses infinies pour son exiguïté,
et j'eus la satisfaction de voir que, quoique léger, il
parut acceptable à ces messieurs. Ils levèrent leurs coif-
fures en signe de remerciement, je leur rendis leur
salut, et chacun de nous regagna son poste.

Cette manière de comprendre les hostilités
de part et d'autre est fort agréable, mais elle
peut donner lieu à des abus. Vers la fin de la

guerre une si bonne intelligence régnait entre les avant-postes que Wellington dut intervenir. Voici le fait qui l'y détermina :

Un officier d'état-major (je ne dirai pas sur quel point de la ligne), en faisant sa ronde une nuit, constata la disparition de tout un piquet commandé par un sergent. Il en fut à la fois surpris et alarmé, mais son alarme fit place au plus grand étonnement lorsque, s'étant avancé pour s'assurer qu'il n'y avait pas quelque mouvement dans les lignes ennemies, il aperçut, par la fenêtre d'un cottage d'où sortait un bruit de fête, tout le poste assis de la façon la plus amicale au milieu d'un détachement français et causant gaiement. Dès qu'il se montra, ses hommes, souhaitant une bonne nuit à leurs compagnons, retournèrent avec le plus grand sang-froid à leur poste. Il faut ajouter, pour être juste, que les sentinelles avaient gardé le leur fidèlement et qu'aucune intention de déserter n'existait de part ni d'autre. En fait, c'était une sorte d'usage, les postes français et anglais se visitant à tour de rôle.

Ne pense-t-on point au siège de Sébastopol et aux bonnes relations qui s'y établissaient entre les officiers russes et français? Une poignée de mains entre deux coups de sabre, une conversation d'une politesse exquise entre deux commandements de « feu » !

Officier subalterne et presque toujours aux avant-postes, c'est la vie des avant-postes que nous peint surtout notre auteur. Quiconque a

fait la guerre en simple soldat ne peut jamais
oublier l'impression profonde qu'il a ressentie
quand, pour la première fois, il s'est trouvé en
sentinelle, la nuit, devant l'ennemi. C'est assurément une des émotions les plus vives qui se
puissent imaginer. Passe encore quand la nuit
est claire et que la lune permet de voir assez au
loin pour distinguer les objets; mais quand
l'obscurité est épaisse, quand elle dévore tout
à quelques mètres à peine! La main sur la
gâchette du fusil, l'oreille aux aguets, l'œil
douloureux à force de chercher à percer ce
voile opaque, le corps frissonnant d'une nervosité froide, l'imagination peuplée de fantômes,
l'esprit tourmenté par la responsabilité encou-
rue, — on se sent dans un « état d'âme » dont
nos plus subtils psychologues auraient peine
à rendre l'affolante cruauté. Les soldats de
l'armée de Wellington, — Anglais, Espagnols
ou Portugais, — n'étaient pas à l'abri de cet
« effroi de la nuit » qui prend les plus braves à
la gorge et que Töpffer a si bien dépeint dans
une de ses *Nouvelles genevoises*. Et cet effroi,
augmenté encore par les circonstances, produi-
sait un résultat inattendu, la désertion :

Pendant que l'armée anglaise occupait la rive espagnole de la Bidassoa, un grand nombre de désertions eurent lieu, au point de causer une sérieuse diminution de nos forces. Comme c'était un événement qui arrivait rarement auparavant, beaucoup d'opinions furent hasardées sur les causes qui les produisaient. Pour ma part, je les attribuais à une terreur superstitieuse de la part des hommes, et en voici la raison. C'est généralement l'habitude, quand on est en présence de l'ennemi, de mettre des sentinelles doubles, mesure qui, entre autres résultats heureux, augmente beaucoup leur confiance; mais telle était la nature du pays où nous nous trouvions, qu'il était le plus souvent impossible de le faire, la chose n'ayant du reste d'importance qu'à l'entrée des défilés, pour assurer le repos de l'armée. Or, dans cette contrée accidentée, chaque pouce de terrain pour ainsi dire avait été le théâtre d'une action; il arrivait souvent que les morts, tombant parmi les rochers et les falaises, ne pouvaient être enterrés et c'étaient justement là que les sentinelles étaient placées. Chacun sait que les soldats et les marins sont excessivement superstitieux. Il n'était pas agréable, même pour les moins faibles d'esprit, de passer deux ou trois heures d'une nuit de tempête au milieu de carcasses mutilées et à demi dévorées et je reçus un jour cette réponse d'un de nos braves soldats, au moment d'aller en faction : « Je ne crains aucun homme vivant; mais, pour Dieu, monsieur, ne me mettez pas à côté de *lui!* » Mon opinion était donc que beaucoup de sentinelles, subjuguées par une terreur superstitieuse, ne pouvaient plus rester à leur poste et, sachant qu'une punition sévère les attendait si elles retournaient vers les piquets, passaient à l'ennemi plutôt que d'endurer des tortures imaginaires.

Pour obvier à cet inconvénient sérieux, on

prit le parti de mettre les sentinelles doubles.
Mais, parfois, la faiblesse des détachements
d'avant-postes ne permettait pas d'user de cette
précaution. Par une sombre nuit d'hiver où
le vent et la neige faisaient rage, où les hurlements des loups se mêlaient aux grognements
des chiens sauvages en quête de corps à dévo-
rer, le lieutenant est obligé de placer une sentinelle seule dans un endroit où on s'était
récemment battu et encore couvert de cadavres, dont plusieurs avaient des fragments
d'uniformes anglais :

Je visitai ce poste un peu avant minuit, une demi-
heure après que j'y avais placé la sentinelle. Elle n'était
ni debout ni assise, mais appuyée contre un arbre et
complètement recouverte de neige glacée. Son fusil
s'était échappé de sa main et reposait sur la poitrine
d'un cadavre voisin. A mon approche, l'homme ne
répondit pas et, en l'examinant de plus près, je m'aper-
çus qu'il était évanoui. Je le fis ramener au poste,
insensible quoique vivant. On le frotta, on le réchauffa,
et il nous raconta son aventure.

Le caporal l'avait à peine quitté, nous dit-il, quand
ses oreilles furent frappées d'un bruit si terrible qu'il
ne pouvait pas être produit par une créature vivante;
il aperçut ensuite à travers l'obscurité une troupe de
démons dansant sur le bord du lac, et un fantôme vêtu
de blanc s'avança vers lui en gémissant péniblement;
il voulut appeler, mais la voix ne sortit pas de son

gosier, et il lui fut impossible de proférer un cri. Il jura en outre que le mort s'était levé sur son séant et l'avait regardé fixement ; après quoi il avait perdu tout souvenir et s'était retrouvé à son poste. Je n'ai aucune raison de croire que cet homme fût poltron. Ainsi que le lecteur peut le supposer, j'accueillis son histoire par un grand éclat de rire, mais il y persista, et, s'il vit aujourd'hui, il y croit encore, sans nul doute.

*
* *

Cette anecdote, ainsi que toutes celles citées jusqu'ici, se placent pendant les opérations militaires qui ont précédé le siège, opérations savantes où Wellington et Soult ont rivalisé d'habileté stratégique ; où, de part et d'autre, les troupes ont fait des prodiges de valeur, et qui n'ont pas duré moins de six mois, depuis la prise de Saint-Sébastien (30 août 1813) jusqu'à l'investissement régulier et complet de Bayonne (27 février 1814). Le jeune Anglais nous raconte successivement le passage de la Bidassoa (6 octobre) : l'abandon fâcheux des belles positions défensives de Hendaye et de Béhobie par les Français, frappés de panique ; le campement à Hendaye ; l'attaque et la prise d'Urrugne, où le 85ᵉ régiment passe la nuit dans l'église, à la lumière triste et vacillante de trente ou quarante petites chandelles de résine. Plus loin, c'est une description, en quelques lignes, du joli chateau d'Urtubie, puis :

Je n'y laissai faire aucun dégàt par mes hommes, ajoute le lieutenant, et le seul pillage que je me permis fut celui d'une grammaire de la langue espagnole intitulée : *Grammaire et dictionnaire françois et espagnol, nouvellement revu, corrigé et augmenté par M. de Maunory, suivant l'usage de la cour d'Espagne.* Sur la couverture se trouvait l'inscription suivante : *Appartient à Lassalle Briguette, Lassalle.* Ce livre est encore chez moi, et, comme nous sommes aujourd'hui en paix avec la France, je saisis cette occasion d'informer M. Briguette que je suis prêt à le lui rendre, s'il veut bien donner son adresse.

Le 17 novembre, l'armée alliée prend ses quartiers d'hiver. Les troupes anglaises accommodent tant bien que mal à leur usage les maisons basques. Avec ce souci du confortable qui ne le quitte jamais, le lieutenant, grâce à d'ingénieux arrangements, réussit à se faire un *home* très convenable. Le 8 décembre, les hostilités recommencent. Le village de Bidart est pris. Les Français tentent un furieux retour offensif. Telle est l'énergie de leur attaque, que, pendant un moment, ils balayent tout devant eux. Un corps portugais, occupant le village d'Arcangues, lâche pied: un régiment anglais est mis en déroute; le général Sir John Hope n'échappe que par miracle à nos soldats; tous les résultats acquis par les alliés vont être compromis, quand Wellington arrive au galop :

L'effet fut électrique : « Il faut garder votre position, mes enfants, cria-t-il; il n'y a rien derrière vous. Chargez! chargez! » Un cri s'éleva; beaucoup de fuyards qui avaient perdu leur corps se mirent en ligne sur notre flanc; nous ne fîmes qu'une décharge et nous nous élançâmes à la baïonnette. L'ennemi ne soutint pas l'attaque; ses rangs furent brisés, et il se mit à fuir dans un désordre complet.

C'est à Bidart, définitivement conquis par eux, que nous retrouvons les Anglais, dans les premiers jours de janvier, cantonnés et solidement établis. Notre lieutenant, malgré la rigueur exceptionnelle de l'hiver, semble avoir gardé de ce cantonnement un souvenir particulièrement agréable. Un joli « cottage » où il s'installe, une chasse abondante, et surtout... Oh! Révérend R. Gleigh, une fois entré dans les ordres et devenu un saint homme, ne vous est-il pas arrivé de penser plus que de raison à certaine aventure que vous contez avec une bonhomie charmante, et, à ce souvenir, n'avez-vous pas quelque peu rougi de confusion? En 1814, vous étiez un jeune officier de dix-sept ans, et, vive Dieu! vous aviez bien raison, faisant la guerre aux Français, de traiter les Françaises de façon moins inhumaine. Mais je veux vous laisser parler vous-même et narrer la chose tout au long. Je craindrais, en la modifiant, d'en dire trop ou pas assez et d'ôter quelque saveur à cette petite aventure de jeunesse, dont votre âge mûr s'est indigné peut-être, mais dont votre vieillesse a certainement souri :

En temps de paix, Biarritz était, comme nous l'apprîmes de ses habitants, une ville de bains à la mode, fréquentée par les riches habitants de Bayonne et de ses alentours, et remarquablement jolie. A peu près de l'importance de Sandgate, et située dans une espèce de creux qui se termine vers le rivage en falaises éboulées, ses maisons étaient proprement blanchies à la chaux; mais ce qui en faisait et ce qui, je l'espère, en fait encore la distinction, c'est qu'elle était habitée par deux ou trois demoiselles, qui joignaient à toute la gaieté et la vivacité des Françaises une bonne dose de la sentimentalité de nos compatriotes. Elles étaient particulièrement aimables avec nous, professant hautement, je ne sais vraiment pourquoi, préférer notre société à tout autre, et nous étions trop galants pour les en priver (*we were faar too gallant to deny them that gratification*), bien que nous risquions notre vie ou notre liberté à chaque visite. Deux ou trois fois par semaine, nous montions à cheval et prenions la route de Biarritz, d'où, plus d'une fois, nous ne revînmes pas sans difficulté.

En général, et afin d'éviter quelque surprise de la cavalerie ennemie, nous étions assez prudents pour tirer au sort celui d'entre nous qui assumerait l'odieuse tâche de veiller au dehors pendant que ses camarades étaient plus agréablement occupés dans la maison; mais nous avions fait tant de visites sans qu'aucune alarme eût été donnée, que, un matin que nous avions quitté Bidart en plus petit nombre que d'habitude, nous décidâmes bravement de nous échapper à tout risque, plutôt que de contraindre l'un de nous trois à passer tristement une heure tout seul (*rather than that one of the three should spend an that hour cheerlessly by himself*). La seule précaution que nous prîmes fut de mettre nos chevaux au piquet à la porte du jardin, sellés et bridés, au lieu de les mener à l'écurie comme d'habitude.

Nous étions assis depuis une demi-heure avec nos belles amies, et nous achevions de plaisanter sur le péril, auquel nous étions exposés, de subir le sort de Samson et d'être pris par les Philistins, lorsque, la conversation étant tombée, notre oreille fut frappée par le bruit de sabots de chevaux sur le pavé de la rue. Nous nous élançâmes à la fenêtre, et notre consternation fut grande en apercevant sept ou huit hussards français qui arrivaient de l'extrémité de la ville...

Sans nous arrêter à dire adieu à nos belles amies, qui criaient comme si c'étaient elles et non nous qui fussions en danger, nous courûmes en toute hâte à nos chevaux, et, sautant en selle, nous leur appliquâmes sans merci les éperons dans les flancs. Aucun de nous n'était trop bien monté; mais, soit que nos poursuivants fussent descendus de cheval pour entrer dans la maison, soit qu'ils eussent pris une fausse direction, nous avions gagné tant de champ avant qu'ils n'entrassent en chasse, que peut-être nos chevaux seuls auraient suffi à nous ramener à nos avant-postes. Ils gagnaient cependant sur nous, quand apparut une patrouille de notre cavalerie. Nos ennemis renoncèrent alors à leur poursuite.

A l'avenir, nous fûmes plus prudents. Si nos visites étaient aussi fréquentes qu'auparavant, nous avions soin de mettre toujours une sentinelle, et de la placer sur une éminence d'où elle dominait le pays à plusieurs milles à la ronde. Les dragons furent plusieurs fois encore signalés, et nous dûmes de nouveau remonter à cheval à diverses reprises, mais nous nous arrangeâmes de façon à ne pas être obligés de galoper comme précédemment, pour la vie ou la liberté.

* *

Je n'ai pas la prétention, non plus que notre auteur, d'ailleurs, d'entrer dans le détail de toutes les opérations qui eurent lieu autour de Bayonne. Le plan de Wellington, qui consistait à couper entièrement l'armée de Soult de la ville, après l'avoir attiré hors des travaux qu'il y avait élevés, était couronné de succès.

Le maréchal se retirait sur Peyrehorade, puis sur Orthez, où, après une sanglante bataille, il commençait son admirable et savante retraite sur Toulouse. Bayonne, qui était regardée avec raison comme le boulevard du Sud-Ouest en France, restait donc seule devant l'invasion, avec une garnison suffisante comme nombre, mais composée en grande partie de recrues inexpérimentées. Soult, d'ailleurs, avait mis les fortifications en excellent état et avait confié le commandement en chef au général baron Thouvenot, un officier expérimenté et énergique, qui s'était déjà distingué par sa défense de Burgos.

La première opération que durent entreprendre les alliés pour investir la ville fut de s'emparer de la rive droite de l'Adour. Il fallait pour cela faire traverser le fleuve à un détachement d'infanterie, afin de protéger le pont que lord Wellington avait résolu d'établir. Le passage se fit sans encombre, sur des radeaux improvisés.

Ce pont sur l'Adour devait être formé de chasse-marées, de petits navires et de bateaux plats, recouverts transversalement par des

planches de sapins et reliés entre eux au moyen
de câbles solides. Ces navires, réunis à Socoa,
attendaient un bon vent pour faire leur entrée
dans l'Adour. On sait combien cette entrée est
difficile dès que la mer devient un peu forte, et
cela est fréquent dans le golfe de Gascogne.
La « barre » est une des promenades les plus
fréquentées par les baigneurs de Biarritz, et à
juste titre, car il est difficile de voir une lutte
de flots plus belle. Par les gros temps, le spectacle est saisissant.

On comprend sans peine combien il était
malaisé pour la flotte anglaise de franchir cette
redoutable barre, d'autant plus que ce n'était
pas l'époque des grandes marées et que, comme
le dit un peu naïvement notre officier, « on ne
pouvait retarder les opérations militaires pour
les attendre. » Le contre-amiral Penrose, commandant la croisière, décida que, dès la première brise favorable, on forcerait le passage à
tout prix. C'est le 24 janvier qu'il eut lieu. Le
récit qu'en fait le lieutenant est d'une simplicité
poignante. La mer devient pour un moment
notre alliée aveugle et engloutit bien des êtres
jeunes et vaillants :

En montant sur une éminence nous aperçûmes une escadre d'une trentaine de petits navires qui cinglaient, toutes voiles en dehors, vers la barre, sur laquelle les vagues, portées par un vent du nord-est, brisaient en écume blanche. Les bords du fleuve et toutes les hauteurs étaient remplis de généraux et d'officiers d'état-major. Personne ne parlait ; l'escadre et ses manœuvres, dont dépendait la vie des braves gens qui la montaient, semblaient absorber l'attention générale, et chacun regardait dans la même direction en silence et dans la plus complète immobilité.

Les navires, portés par la brise, s'avançaient avec une vitesse effrayante ; les vagues s'élevaient si haut, et il y avait si peu d'eau sur la barre, qu'il me semblait qu'on m'enlevait un poids de la poitrine quand je les voyais soudain appuyer sur le gouvernail et virer de bord. De la mer, la perspective devait être effrayante, et des marins anglais eux-mêmes se demandèrent pour la première fois de leur vie s'ils pourraient faire face au danger. Leur hésitation ne fut pas de longue durée ; un bateau espagnol à rames, manœuvré par le lieutenant Cheyne et cinq marins du *Woodlark*, se jeta avec beaucoup d'à-propos sur une vague ; celle-ci le porta jusqu'au delà du banc de sable, et il fut salué par de longues acclamations quand on le vit s'avancer fièrement dans le fleuve. Le deuxième navire était une prise, un grand lougre de pêche français, monté par les marins d'un transport, et suivi de près par une canonnière commandée par le lieutenant Cheshire ; tous les deux franchirent heureusement la barre, mais le quatrième fut moins heureux. C'était une goélette pleine de monde et commandée par le capitaine Elliot : je ne sais pas si le vent changea soudainement ou si malheureusement quelque cordage se rompit, toujours est-il que, au moment où la goélette prenait la lame, la voile principale de son mât de derrière s'abattit ; elle présenta aussitôt le flanc aux brisants et chavira immédiatement. Son brave capitaine et plusieurs de ses hommes périrent ; le reste de l'équipage fut heureusement sauvé.

L'horreur que nous éprouvâmes à la vue de ce naufrage fut de courte durée, car notre attention fut attirée bientôt sur les autres navires qui approchaient. Ils traversèrent tous sans encombre, sauf un chasse-marée qui partagea le sort de la goélette. Le petit navire tournoya un instant, juste assez pour nous laisser voir les gestes désespérés des marins et nous permettre d'entendre leurs cris, puis il fut frappé par une vague énorme et chavira, la quille en l'air. Pas un homme n'échappa. Parmi eux se trouvaient plusieurs aspirants de marine, tous jeunes gens d'avenir...

Le pont une fois établi, les alliés envoient de grandes forces sur la rive droite de l'Adour. La facilité avec laquelle le général français laissa s'effectuer ces opérations semble incompréhensible à certains historiens ; d'autres l'expliquent au contraire par des considérations où il serait superflu pour nous d'entrer. Après un combat sanglant au Boucau, les Français doivent se retirer, et les alliés établissent leurs postes avancés au village de Saint-Étienne, à demi-portée de la redoute la plus proche.

Dès lors, l'investissement de Bayonne se trouve complet. Et il est curieux de voir combien, même en pleines hostilités, — à cette époque où le service obligatoire ne drainait pas en quelque sorte l'élément viril de tout un peuple, — l'activité, la vie continuaient aux abords des armées belligérantes. De véritables marchés, où l'on semble presque oublier l'état de guerre, s'établissent à quelques pas des champs de bataille :

Le village de Boucau présentait à cette époque un curieux spectacle. Il n'avait pas été abandonné par ses habitants; tous ou le plus grand nombre étaient restés tranquillement chez eux. Leurs petits magasins n'étaient pas fermés, et une foule de chalands encombraient les auberges : cuisiniers, domestiques, hôtesses, hôteliers, étaient en mouvement du matin au soir. Des foules de paysans allaient et venaient, chargés d'œufs, de beurre, de fromages, de volailles; ces marchandises étaient exposées en vente au centre de la place, un grand carré entouré de murs élevés, dont les côtés étaient occupés par des tentes de cantiniers, des échoppes de bière et de pâtissiers. Il y avait même des tables chargées d'objets de quincaillerie, de souliers, de bas, etc. En outre la place était remplie de monde, soldats et paysans qui riaient, et parmi lesquels régnait la plus grande gaieté. C'était une source constante de distractions pour l'observateur ; par exemple, les efforts inutiles d'un soldat anglais pour faire la cour à une jolie Française, ou ceux non moins vains d'un grave allemand qui cherchait à tromper quelque paysan plus avisé et plus positif que lui. Le croisement de toutes les langues de l'Europe, des essais faits de tous côtés pour faire comprendre par

signes ce que la parole ne pouvait rendre offraient
encore un agréable passe-temps. Sous cette apparente
confusion régnait un ordre parfait. Il n'y eut pas un
seul cas de violence faite aux habitants ou aux pro-
priétés.

Pendant ses dernières pages, le journal du
lieutenant se ressent de la monotonie d'un
blocus. Campé toujours dans le même emplacement, n'ayant avec les assiégés que des
engagements assez rares, bornant son rôle, la
plupart du temps, à protéger ses hommes et à
se protéger lui-même contre une canonnade
et une fusillade incessantes, il n'a plus rien de
rare à raconter et, comme la sincérité est sa plus
grande qualité, il ne raconte rien ou presque
rien. L'intérêt ne commence à renaître qu'au
moment où le siège va prendre fin et où la
nouvelle de l'entrée des alliés à Paris arrive
dans le camp anglais, pendant la nuit du
11 avril 1814. Il serait difficile de dire l'effet
que produisit ce message :

Nous pouvions à peine y croire, et quelques-uns
même allèrent jusqu'à affirmer que la chose était impossible. Ensuite vint la pensée de la paix, d'une cessation
immédiate des hostilités et d'un prompt retour en
Angleterre, auprès de nos amis et connaissances; enfin,
et c'est le sentiment qui domina le plus : la crainte

d'être mis en demi-solde. Pour le moment, cependant, nous nous réjouissions à la pensée d'être délivrés des travaux ennuyeux et incessants d'un siège, et nous prévoyions avec plaisir que nous allions entrer en relations amicales avec les braves gens contre lesquels nous avions si longtemps combattu sans aucun sentiment de haine. Je crois aussi que la connaissance de ce qui s'était passé à Paris causa quelque relâchement dans la vigilance avec laquelle nous nous étions gardés jusque-là; du moins je ne peux pas expliquer autrement la complète surprise de nos avant-postes, au village de Saint-Étienne, quelques nuits après.

Cette surprise fut la fameuse sortie du 14 avril : sortie désespérée des assiégeants et sur la légitimité de laquelle les Français et les Anglais ne sont pas d'accord. Ces derniers prétendent, en effet, que le général Thouvenot, informé par un parlementaire anglais de la cessation des hostilités entre les deux nations, n'avait plus le droit d'ordonner la sortie; les Français prétendent, au contraire, qu'il ne devait tenir aucun compte de cette communication du parlementaire; que, tant qu'il n'avait reçu aucun avis officiel du maréchal Soult, sous les ordres directs de qui il était placé, le devoir du commandant de place était de ne rien changer à sa manière de faire et de tenir toujours et quand même. Notre jeune lieute-

nant, comme de juste, prend le parti de ses
compatriotes et qualifie cette sortie « d'essai
de tricherie ». L'expression est cruelle, et,
d'ailleurs, l'historien anglais Napier fait bonne
justice de cette accusation. Il dit, en effet, en
propres termes, que le gouverneur fit *naturellement* peu de cas de communications irrégulières
qui pouvaient avoir pour but de le tromper...

Quoi qu'il en soit, cette sortie fut sanglante
de part et d'autre. Le souvenir en est encore
bien vivant à Bayonne et dans tout le pays.
Vers trois heures du matin, les troupes
anglaises sont soudains réveillées par le bruit
d'une fusillade aux avant-postes. Les piquets
sont engagés sur toute la ligne. Les clairons
sonnent. On s'habille, on s'équipe en hâte, et,
un quart d'heure après, le 85ᵉ d'infanterie est
chaudement et désespérément engagé. De cet
engagement, le lieutenant nous donne un récit
mouvementé, qui confirme les récits des historiens bayonnais Morel et Baylac :

L'ennemi était sorti en deux colonnes d'attaque.
L'une s'était dirigée vers l'église et la rue de Saint-
Étienne; l'autre, ayant forcé la barricade de la grande
route, s'avançait vers le château, où nous avions com-

mencé à établir une batterie de mortiers. Cette sortie avait été préparée si habilement, que les sentinelles qui se trouvaient devant ces deux divisions furent surprises avant de pouvoir décharger leurs armes en signe d'alarme. Nos piquets, pris à l'improviste, furent assaillis par l'ennemi, qui s'avança sur le bord même des tranchées où nos hommes étaient couchés, et les fusilla à bout portant. Un poste commandé par un sergent, et préposé à la garde du canon placé dans le village, fut pris de la même façon et le canon capturé. Ceux qui étaient dans l'église furent préservés du même sort, uniquement grâce au soin qu'on avait pris de barricader les portes de façon à ce qu'un seul homme à la fois pût pénétrer dans l'intérieur. L'église fut entourée et assiégée, mais vaillamment défendue par le capitaine Foster, du 38e régiment, et par ses hommes...

Les assaillants s'élevaient à cinq ou six mille hommes, et les nôtres, n'étant pas plus de mille, perdaient rapidement du terrain. La grande route et plusieurs chemins parallèles étaient au pouvoir de l'ennemi, le village de Saint-Étienne rempli de Français, quand sir John Hope (le général en chef de l'armée alliée) arriva à l'entrée d'un chemin creux dont la défense avait été confiée à une troupe nombreuse qui était en pleine retraite.

— Pourquoi allez-vous dans cette direction? leur cria le général.

— L'ennemi est là, répondirent-ils.

— Eh bien, il faut le chasser.

En disant ces mots, sir John donna de l'éperon à sa monture. Une masse de Français qui étaient devant lui firent feu, et son cheval tomba. En s'apercevant de la chute du général, les Anglais se mirent à fuir, et sir John Hope, homme de grande corpulence, qui avait en outre deux blessures graves et une jambe engagée sous son cheval, resta à la merci des assaillants...

Un combat comme celui que je viens de décrire est toujours accompagné d'un carnage plus grand des deux côtés que ne l'est une bataille donnée dans les règles et combattue avec méthode. De notre côté, neuf cents hommes étaient tombés; du côté de l'ennemi, plus de mille, et le combat avait eu lieu sur un espace si restreint, que même l'œil expérimenté d'un vieux soldat aurait conjecturé, d'après les tas de cadavres, que les pertes étaient plus considérables. La rue de Saint-Étienne en particulier était couverte de morts et de blessés. Autour du canon, ils gisaient en monceaux; un artilleur français était tombé là avec sa mèche dans la main; il était étendu, la tête fendue en deux. La bouche et la culasse de la pièce étaient enduites de sang et de cervelle; derrière elle se trouvaient plusieurs cadavres de soldats des deux nations, dont la tête avait été évidemment brisée à coups de crosse. Des armes de toute sorte, les unes en morceaux, les autres entières, étaient semées partout. Parmi les morts, de notre côté, se trouvait le général Hay, frappé par une balle qui pénétra dans l'intérieur de l'église par un créneau. C'était, en un mot, une des affaires les plus rudes et les moins satisfaisantes de toute la guerre; de braves gens étaient tombés quand leur mort n'était plus utile à leur pays et beaucoup de sang avait coulé en vain.

Le 20 avril, la guerre fut considérée comme terminée. Le 28 avril, le drapeau blanc remplace le drapeau tricolore sur les remparts de Bayonne. Mais les troupes et la population n'admettaient qu'à contre-cœur le nouvel état de choses, et le lieutenant affirme que tous les

canons qui durent saluer le drapeau blanc
étaient chargés de boue et de sable, « comme
si cette turbulente garnison avait résolu d'in-
sulter autant qu'elle le pourrait à une autorité
à laquelle elle ne se soumettait que parce qu'elle
y était contrainte ». En ce cas, et après les
souffrances d'un pareil siège, il semble bien
que cette turbulence peut s'appeler du courage.

Le journal de campagne du *Subaltern* se
termine par quelques réflexions philosophiques
où perce l'âme du Révérend R. Gleigh. Et,
comme dernières lignes, nous lisons ce distique
assez peu de circonstance, nous paraît-il, après
le récit d'aussi sombres batailles :

> *Te each and all a fair good night*
> *And rosy dreams and slumberg bright.*

> A chacun et à tous une excellente nuit,
> Des rêves couleur de rose et un sommeil léger...

***

Pendant mon séjour à Biarritz, j'ai parcouru
toutes les localités citées par le jeune officier :
Saint-Sébastien, Irun, Fontarabie, Hendaye,

Urrugne, Bidart, le Boucau, Bayonne ; j'ai pu
aisément, carte en main, suivre toutes les opérations racontées par lui ; au lac Mouriscot,
autour duquel on s'est tant battu et d'où la
sentinelle affolée croyait voir, par la nuit de
tempête, surgir des fantômes, un petit pêcheur
m'a dit avoir trouvé de vieilles baïonnettes
rouillées et un boulet de canon à moitié enfoui
dans la vase. Au cimetière Saint-Étienne, j'ai
vu, pieusement entretenues, les tombes des
officiers anglais où la nombreuse colonie
anglaise va faire un pèlerinage annuel. J'ai vu
tout cela, et il m'a semblé, par moments, mener
l'existence rude et glorieuse d'un de ces
vaillants...

Aujourd'hui, dans ces lieux où la mort
farouche a sévi, la vie joyeuse éclate. Anglais,
Espagnols, Français se coudoient, se saluent et
s'unissent dans la constante chasse au plaisir.
Les rapides voitures de Biarritz, avec leurs
cochers galonnés d'argent, sillonnent les routes ;
on joue, on danse au Casino ; sur la plage
grouillante de monde, à l'heure du bain, les
bouquetières portent leurs paniers fleuris dont
les senteurs se mêlent aux brises salées. Moins

d'un siècle passe et tout s'efface, tout s'oublie…
Et l'on se demande à quoi a servi tant de sang
répandu dans le passé, — et aussi bien à quoi
servira, dans un siècle, tout le sang qui se
répandra peut-être, hélas! dans l'avenir.

1897.

188 IMPRESSIONS D'ÉTÉ

DERNIÈRE LECTURE D'ÉTÉ

La lecture en plein air est, pour moi, l'un des plaisirs les plus appréciables de l'été. A Paris, on lit mal, peut-être parce qu'on lit peu, ou, du moins, pas assez. La vie est trop encombrée.

Un livre nous arrive au milieu d'un travail, ou pendant un repas, entre trois lettres, deux billets de faire-part et quelques prospectus.

Premier mouvement :

— Ah! X... qui m'envoie son volume!

Deuxième mouvement :

— Comme c'est aimable!

Troisième mouvement :

— Il va falloir le remercier!

Ce « il va falloir » est significatif. Il est fait de nonchalance, de lassitude, d'égoïsme...

Certes, on est sensible à l'envoi; on en est

touché, flatté même parfois. On serait, en tous cas, très mortifié d'un oubli. Mais, aussitôt cette petite satisfaction d'amour-propre passée, la paresse reprend le dessus. *Il va falloir*, au milieu de tant d'occupations sérieuses ou vaines, trouver le temps de parcourir le volume, d'envoyer à l'auteur une lettre de compliments plus ou moins sincères, mais dont la certitude se dégage pour lui qu'on a lu son œuvre, et de très près.

Tout cela, c'est bien des affaires, d'autant que, par ce temps de production littéraire débordante, les volumes se succèdent avec une rapidité quasi-indiscrète. Chaque jour, presque, amène non pas sa peine, mais son livre. Dans un coin, sur une table, la pile grandit. Lire tout cela, complimenter de tout cela! La tâche semble au-dessus des forces humaines...

Alors, on use d'un procédé lâche, mais si commode! On prend la plume, et, d'une main diplomatique :

« Votre volume m'arrive à l'instant... Je suis certain à l'avance du grand intérêt que j'aurai à sa lecture... Aussi, je ne veux pas tarder d'une minute à vous remercier, en attendant que je vous complimente en parfaite connaissance de cause, etc... etc... »

Vous connaissez la formule. C'est le remerciement « avant lecture ». Que celui qui ne l'employa jamais ose le dire !

Le billet écrit, on prend délicatement le volume ; on le feuillette un instant, du bout des doigts ; on en coupe même quelquefois les pages ; puis, l'ajoutant à la pile :

— Ce sera pour l'été !

L'été venu, on fait la revue des livres entassés ; on en emporte un bon lot à la campagne. Quant à ceux que l'on laisse :

— Ce sera pour l'automne !

Pauvres bouquins ! *Habent sua fata libelli.* Leur sort probable, à ceux-là, est de n'être jamais lus !

*
* *

Aujourd'hui, par cette belle matinée, je m'offre une séance de lecture en plein air, une des dernières sans doute, sinon la dernière. Dans le jardin, j'ai choisi un coin connu, aimé. Les reins bien soutenus dans le fauteuil de paille, les bras commodément appuyés, je commence le volume. Sur ma tête, sur mes épaules, sur le papier, coule, à travers les branches, un soleil discret, cet adorable soleil de fin septembre qui, de l'ennemi implacable et redouté qu'il fut en juillet et en août, commence à devenir l'ami bienfaisant et recherché. Autour de moi, tout est repos. Une pelouse s'étend, verte sous le ciel d'un bleu pâle; très proches, des rosiers se dressent, et la brise nonchalante qui les effleure m'apporte le parfum sucré de leurs dernières fleurs. Plus loin, un jardinier, les manches retroussées sur ses bras bruns, la tête enfouie sous un vaste chapeau de paille, ratisse une allée. Il fait, comme chaque samedi, la toilette du jardin. Au bout de la pelouse, parmi les grands arbres, la vieille maison dresse son pignon pointu. A gauche, derrière un massif de lilas, voici les poiriers du potager, un coin de serre en treillage vert. C'est, dans sa sérénité un peu bourgeoise, la « propriété » des environs de Paris, le coin de terre où, depuis bientôt cent années, une même famille a vécu...

Et ce calme a une vie, ce repos une agitation. C'est un nuage qui passe, laissant traîner des fils de blanche soie : c'est un oiseau qui traverse le gazon, une proie au bec, et disparaît, à la fois triomphant et effrayé ; ce sont des papillons blancs qui voltigent deux à deux, bêtement, gentiment, se fuyant, se rapprochant comme agités au bout de fils de fer jumeaux — derniers papillons de la saison, dernier sourire de l'été près de disparaître ! A mes pieds, un insecte se hâte péniblement dans le gravier de l'allée ; à mon oreille, une grosse mouche passe, troublant l'air de son bourdonnement prétentieux et disproportionné ; parfois, j'entends l'aboi mécanique d'un chien voisin ou le cocorico agressif d'un coq...

Le livre que je lis est un roman, un roman « parisien ». Beaucoup de talent. Qui n'en a pas, aujourd'hui ? Mais on abusa quelque peu du roman parisien. Ce sous-titre seul met en défiance. Et puis, comme les femmes, les livres ne prennent leur vraie valeur que dans certains cadres. Il y a, pour moi du moins, dans la croyance aux histoires écrites, une influence physique réelle. Je puis difficilement me détacher de l'ambiance des choses. Les aventures de rez-de-chaussée et de flirt m'indiffèrent dans la chasteté calme de la nature. Les amours passagères et frivoles des poupées parisiennes ne me passionnent pas « hors les murs ». Il me faut, pour y croire un peu, l'intimité close et réfléchie de la maison de ville. En plein air, sous le grand ciel, tout cela s'évapore, se volatilise. Les passionnettes, les menus drames perdent en émotion et en acuité. Que de joies, de soucis, de pleurs, de trahisons, de querelles et de raccommodements depuis que le monde est monde! Au vrai, sous des formes différentes, toujours les mêmes histoires, ou la même histoire...

Celle de l'Humanité? Certes, et je suis loin de nier son intérêt puissant. Mais un peu de communion avec la nature met à leur plan les passions éphémères des humains. Dans les villes, l'homme est la raison d'être de tout, le maître puissant qui a tout créé, vers lequel tout converge; il justifie et absorbe tout. Dans la nature, au contraire, il apparaît si ténu, si minuscule! Sa part de création, de modification plutôt, y est presque nulle; il semble écrasé par l'immensité où il se meut. Forcément, dans cet espace illimité, ses misères semblent moins vives; ses tourments moins dignes de pitié. Seules, les grandes douleurs réelles et profondes continuent d'émouvoir, parce qu'elles sont du domaine commun. Quant aux petits chagrins, aux petits tracas, aux petites angoisses, à toutes ces « nervosités d'âme » traitées à fond dans les romans dits parisiens, elles semblent quantités bien négligeables devant le calme d'une belle matinée comme celle-ci ou la splendeur d'un soleil couchant...

*
* *

Pendant que je lis, — un peu distraitement, je l'avoue — le soleil a monté. Ses rayons me taquinent, rendent la page aveuglante. Midi approche. Mettons-nous plus à l'ombre, et reprenons notre lecture... Ou plutôt non, regardons, rêvons, sentons-nous vivre... Comme dit un ami à moi, grand paresseux, grand amateur de repos en plein air, quand, par un été brûlant, il s'étend sur l'herbe :

— Écoutons la terre tourner !...

Elle tourne, tourne toujours... Et avec elle,

sur elle, les hommes tournent, tournent... Et
c'est un mouvement continu, une perpétuelle
agitation. En cette époque de l'année, surtout,
quelle activité dans la fourmilière humaine !
Là-haut, le bon Dieu doit sourire dans sa barbe
blanche, en voyant les petites bêtes courir, se
bousculer, se hâter vers des buts divers. Le
long des mers bleues, des colonies entières de
familles hument les brises salées. Sur les flots
unis ou tourmentés, les bateaux se croisent.
Sur les montagnes, dans les vallées, par les
plaines, mêmes processions d'êtres hantés de
ces deux préoccupations dominantes : le plaisir
ou la santé. Pif! paf!... Les coups de fusil des
chasseurs. Boum! boum!... Les coups de
canon des manœuvres. Teuf! teuf!... Les automobiles, les tricycles, les bicyclettes... Et les
courses! Et le tennis! Et le golf!... L'impossi-
bilité de rester en place, la griserie de la vitesse,
la grande danse de Saint-Guy!

Cette vision si proche d'une humanité trépidante donne tout leur prix aux heures de
calme ou de rêve. On se demande si la vérité
physique et morale, le bien-être du corps et de
l'âme ne sont pas dans l'attachement aux cadres

familiers. Nos pères n'étaient-ils pas dans le bon sens quand ils bornaient leurs rêves à la possession de la « maison des champs », pas trop éloignée de la ville, en quelque coin paisible et retiré?

Quand je contemple ce jardin, où j'ai joué tout petit enfant; où, depuis tant d'années déjà, je reviens chaque été; où le moindre détour dans une allée, le moindre massif, le moindre arbre me sont si connus que, même bien loin d'ici, je n'ai qu'à fermer les yeux pour en retrouver dans mon cerveau l'image photographique, il me monte à l'âme un sentiment mélancolique sans doute, mais très doux; je vois les êtres aimés qui ne sont plus; j'ai cette espérance qu'un jour, quelqu'un des miens, en pensant à moi, me reverra en cette même place ou je suis aujourd'hui, près de cette corbeille, au tournant de cette allée...

Sentimentalité! rengaines! vieux jeu! Mais oui. Nous sommes des Français de la vieille France; nous sommes des traditionnels. Et nous n'appartenons point à la race de l'Américain international qui naît à l'hôtel, vit à l'hôtel, meurt à l'hôtel, et ne laisse aux siens que le souvenir d'un *globe-trotter* agité, dont la forme, éternellement mouvante, ne saurait s'encadrer d'aucun paysage précis...

*
* *

Drelin! drelin! drelin! voici la cloche qui annonce le déjeuner. C'est le premier coup, dix minutes avant le second. Ainsi fut-il de tout temps...

Que de fois l'ai-je entendue, cette cloche à la voix un peu rouillée, au tintement toujours pareil, que l'on soit gai ou triste, que la joie ou le deuil plane sur la maison!

— A table! à table! à table! chante-t-elle sur un rythme régulier.

Allons! obéissons à la vieille amie, levons-nous, rentrons au logis...

Je regarde le ciel. Brusquement, en quelques instants, il a changé. Du côté de l'Ouest, de gros nuages noirs l'envahissent. Le bon soleil a disparu, le vent fraîchit. D'un arbre voisin, quelques feuilles dorées se détachent, tombent

en tournoyant sur le gazon... Allons! c'en est
fini de l'été! Premières feuilles mortes, dernière
lecture en plein air, le matin, sous le grand
dôme d'azur!

Montmorency, septembre 1902.

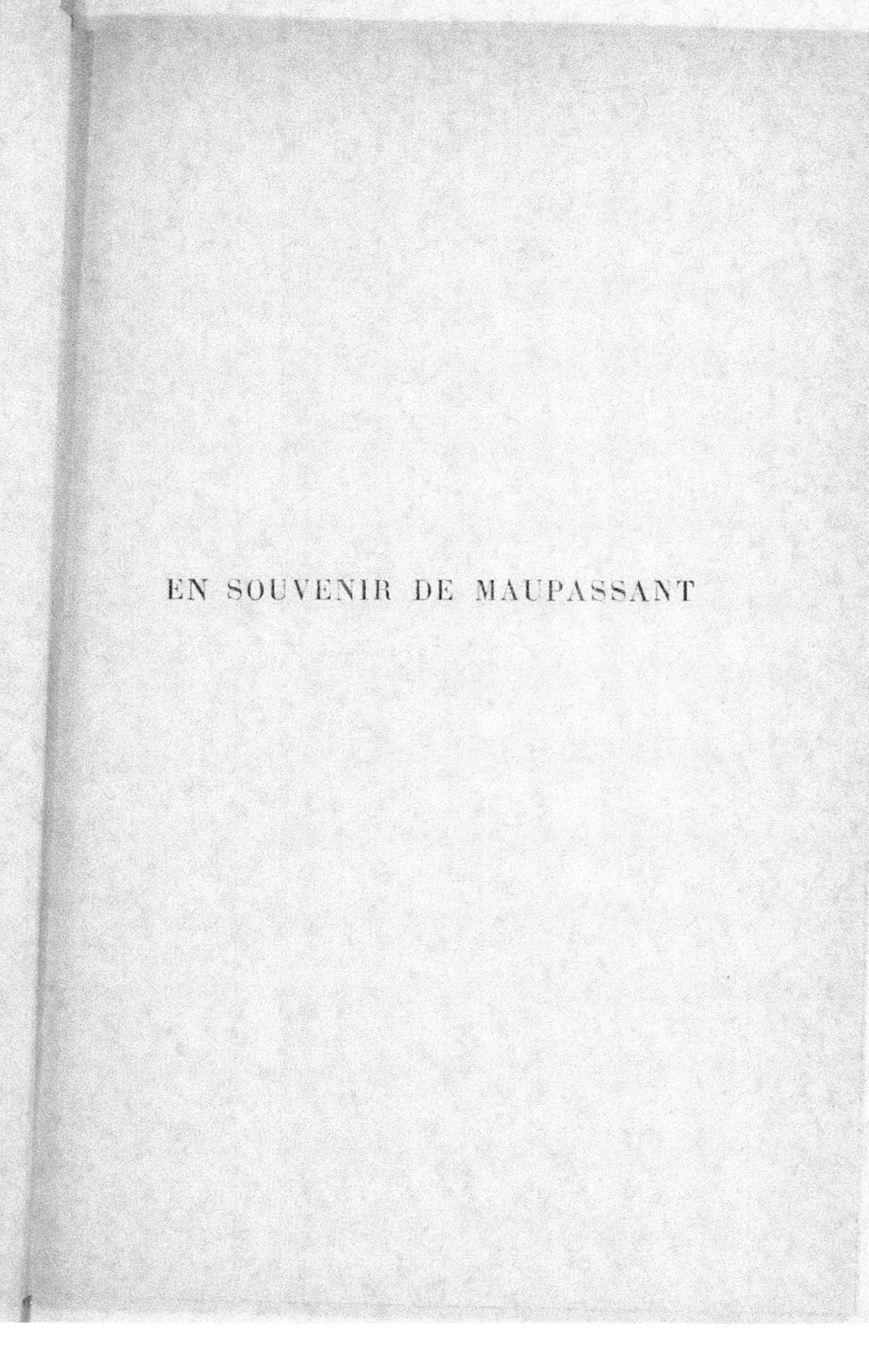

EN SOUVENIR DE MAUPASSANT

A PROPOS DE « MUSOTTE »

L'autre semaine, je partais de Marseille pour faire l'excursion de l'admirable Chartreuse de la Verne, en plein massif des Maures, au-dessus de Saint-Tropez. Dans la gare, glacée par le mistral, vient à moi, arrivant de Paris mon excellent ami le docteur Cazalis[1].

Nous montons dans le même wagon. Dès les premiers mots :

« Et Maupassant? » lui ai-je demandé.

Vous entendez, hélas! la réponse. État toujours le même, hallucinations, inconscience, ces choses navrantes que chacun sait, aux-

1. De son nom littéraire : *Jean Lahor*. Décédé en juillet 1909. Un poète exquis, un ami rare, profondément regretté.

quelles pourtant la médecine oppose sa combative espérance.

Au retour de ma petite tournée, durant laquelle je n'ai cessé de penser à lui — vous vous souvenez, dans *Sur l'eau*, de la magistrale description de cette Chartreuse de la Verne? — j'apprends la prochaine reprise de *Musotte*, au Gymnase[1]. Et, à ce nom, tout un monde de souvenirs s'agite en moi...

Il me semble être, voilà deux ans bientôt — le soir de la première — avec mon pauvre cher collaborateur, dans la petite baignoire de la direction, sur le théâtre. Le succès grandissait d'acte en acte. Le public applaudissait d'enthousiasme et nous pouvions suivre l'émotion peinte sur tous les visages...

Certes, Maupassant était heureux d'une réussite dépassant toutes nos espérances, mais sa joie restait silencieuse. Souffrant beaucoup des yeux, il se plaignait sans cesse de l'éclat de la rampe et cette peine physique atténuait son contentement moral.

---

1. *Musotte*, pièce en trois actes, en prose, représentée pour la première fois, à Paris, sur le théâtre du Gymnase, le mercredi 4 mars 1891.

Dans l'ombre, en un coin de la baignoire, il relevait incessamment l'écran d'une main nerveuse, et je l'entendais murmurer :

« Ah! cette lumière... cette lumière!... elle me brûle les yeux. »

Après la représentation, dehors, sur le boulevard Bonne-Nouvelle, nous nous serrâmes la main et nous nous quittâmes. Je le vis s'éloigner dans la nuit, au milieu de la foule, de son pas solide, un peu roulant, comme celui des marins. Le chapeau très enfoncé, le collet du paletot relevé — on sait combien il craignait le froid — il disparut. Cher et grand ami, qui m'eût dit qu'un an plus tard, à peine...

*
* *

... Et cependant, bien qu'il fût encore dans la plénitude de son talent, des symptômes inquiétants se manifestaient déjà. Un souci obsédant de sa santé, un besoin perpétuel de changer de médecin, un enthousiasme aussi aveugle que momentané pour tout médicament nouveau, une susceptibilité toujours en éveil, une préoccupation exagérée des choses secondaires, des abattements profonds.

Que de fois l'ai-je vu se jeter, s'écrouler plutôt dans un fauteuil, visiblement lassé, un pli douloureux sur le front, les mains abandonnées, se plaignant de ses yeux, de ses pauvres yeux, ou bien encore d'une dent qui le faisait cruellement souffrir et d'où, prétendait-il, lui venaient ses maux de tête lancinants, ses tristesses, tout enfin!

Et puis, c'étaient des craintes de ne plus pouvoir produire, des difficultés constantes pour trouver la phrase juste, l'expression rêvée. Quelle effroyable torture pour un cerveau comme le sien dont la conception jusqu'alors était si nette, si lumineuse!

Son écriture s'était modifiée peu à peu. Elle apparaissait toujours claire et belle, mais par moments, — moments de plus en plus fréquents, — on devinait qu'il avait tâtonné pour tracer un mot, une lettre même. De temps en temps, des ratures exaspérées barraient les caractères et formaient des taches noires au cours d'une page placidement commencée. J'ai relu quelquefois ses lettres que je garde avec un soin

pieux. On dirait — tant elle est simple, naïve
même — l'écriture d'un tout jeune homme, non
gâtée encore par les notes prises à la hâte,
sur un pupitre, pendant les classes. Mais, soudain, voici un arrêt : la communication entre
le cerveau et la main s'interrompt pendant une
seconde, les doigts hésitent, la plume n'obéit
plus. Ces secondes d'hésitation se sont répétées ; elles sont devenues des minutes, puis des
heures, puis toute la vie... Il a voulu en sortir,
de cette vie qui lui devenait si cruelle. On l'en
a empêché, on devait l'en empêcher. Mais le
néant absolu — ou l'éternelle quiétude — ne
vaudrait-il pas mieux que cette inconscience
complète, cet amoindrissement progressif, ce
vol tourbillonnant d'idées folles en ce pauvre
cerveau désagrégé ?

* * *

Au cours de ces lignes, mes souvenirs se
précisent, s'accentuent...

C'est un dîner où je le vois, correct, élégant,
sous les lumières, parmi les femmes et les fleurs,
se mêlant peu à peu à la conversation, parlant

bien, éloquemment même, de milles choses, voyages, sciences, art, de tout enfin, — excepté de ses œuvres — sujet qu'il n'abordait jamais qu'à contre-cœur et dont il savait gré aux gens de ne le point entretenir...

C'est un déjeuner chez lui, à Triel, où il avait loué une petite maison pour l'été, au bord de la Seine, déjeuner suivi d'une promenade dans sa yole... Nous étions tous deux dans le frêle et étroit bateau, lui aux avirons, moi à la barre. Mon inexpérience faillit nous jeter contre un chaland et nous faire tomber à l'eau... Un gros juron sortit de sa bouche, il se fâcha quelque peu... A partir de ce moment, il dirigea seul l'embarcation. Nous passâmes devant la maison de Zola, à Médan ; puis le retour fut charmant, sous un joli ciel gris-perle, pointillé de bleu, le long de la rive où pleuraient les saules, parmi le clapotement du flot que Maupassant fendait d'une rame vigoureuse...

Quoi encore? Cannes, où j'avais été le rejoindre, où nous avons causé de l'œuvre en préparation, tantôt en nous promenant sur la Croisette, tantôt en courant la mer à bord du *Bel-Ami*, son cher yacht, sa « solitude flot-

tante », comme il disait, si joli, si coquet, dont
les cuivres luisants, à chaque balancement,
jetaient des éclairs; dont les voiles blanches,
gonflées par la brise et dorées par le soleil,
semblaient s'animer de frissons rosés...

C'est lui qui tenait la barre, cette fois, et
gaillardement, je vous jure, en maître timon-
nier, le regard droit, le teint fouetté par l'air
vif, la moustache blonde éparpillée au vent —
et, parfois, caressant le bois usé du gouvernail
d'une main inconsciente et douce, avec amour,
avec l'amour qu'il avait pour cette mer bleue
dont il préférait, dans les dernières années, la
clémence et la joliesse aux rudes fureurs de
l'Océan.

Et tout cela est fini! De tout cela il ne reste
qu'un souvenir. Et je parle, et chacun parle de
lui comme d'un être absent, comme s'il n'était
plus là, dans ce Paris qui l'a tant admiré! Et
pourtant il est là, il s'agite encore parmi les
vivants, il vit, et, si peu qu'on puisse appeler
cela vivre, encore pouvons-nous garder l'obstinée espérance d'une résurrection [1]...

1. Hélas! Le pauvre Maupassant est mort, comme on sait,
le 6 juillet 1893.

✳
✳ ✳

Nous voilà bien loin de *Musotte* et de la reprise du Gymnase. Puisse le public s'émouvoir encore aux infortunes de notre héroïne et verser les mêmes larmes qu'autrefois !

Quant à moi, qu'il me soit permis d'envoyer, du fond de mon cœur, un souvenir ému à celui qui, hélas ! ne peut plus me comprendre — au maître cher, à l'ami regretté à qui je dois cette joie d'avoir, en cette œuvre commune, mis mon nom à côté du sien, — que dis-je ?... — bien au-dessous du sien !

Janvier 1893.

UNE MÈRE ET UN FILS

Les journaux viennent d'annoncer la mort de madame Laure de Maupassant, mère de Guy de Maupassant, décédée à Nice. Tout un vol de souvenirs se lève en moi...

C'était au lendemain de la première de *Musotte*, au Gymnase, en mars 1891. La pensée nous était venue, à l'un et à l'autre, d'offrir à nos parfaits interprètes : mesdames Pasca et Sisos, messieurs Raphaël Duflos et Noblet, — pour ne citer que ceux-là, — de petits souvenirs à l'occasion d'un succès auquel ils avaient si puissamment contribué. Pour faire cette commande, nous nous dirigions pédestrement vers les magasins de l'orfèvre Keller, rue Joubert.

Silencieux d'ordinaire, Maupassant, ce jour-là, était expansif, loquace même. Mis en goût par la réussite de la pièce, il me parlait de ses projets dramatiques :

— Je veux faire du théâtre, me disait-il, mais du théâtre tel que je le comprends, tel que le comprenait Flaubert : sincère, réaliste, aussi près que possible de la vie. *Histoire du vieux temps*[1] ne compte pas. C'est une bluette sans importance. J'ai écrit une comédie en deux actes, *la Paix du ménage*... C'est peu de chose aussi. Je voudrais cependant la faire jouer à la Comédie-Française... Mais voilà! il y a le Comité de lecture, et jamais, entendez-vous? jamais je ne passerai devant le Comité de lecture!

Et comme je lui faisais observer que toute pièce de lui était à l'avance reçue, que la lecture au Comité ne serait qu'une simple formalité, acceptée d'ailleurs par les plus grands, par des maîtres tels qu'Augier, tels que Dumas :

— Non, non, jamais! répétait-il avec un geste tranchant de sa main déjà un peu amaigrie. Claretie recevra ma pièce sans que j'aie à

---

1. Pièce en un acte, en vers, jouée pour la première fois sur la scène du *Troisième Théâtre Français* le 19 février 1879.

passer devant le Comité[1]. Ce faisant, paraît-il, il violerait la règle? Eh bien, il peut la violer pour moi!... S'il ne le fait pas, il le regrettera un jour... Oui! il le regrettera! Des pièces? mais j'en écrirai des quantités de pièces!... *Yvette*, d'abord... Vous vous rappelez *Yvette?*... Il y a là une pièce toute bâtie... Le scénario est déjà construit dans ma tête... Prochainement j'irai trouver Claretie... Et je ne m'arrêterai pas à *Yvette*... Des pièces?... Mais j'en ferai tant que je voudrai, des pièces!...

Du coin de l'œil, je le regardais. Visiblement, une exaltation le prenait, le poussait :

— Songez donc, mon cher, songez qu'en outre de mes romans : *Une vie*, *Fort comme la mort*, *Notre Cœur*, et les autres, qui renferment tous, tous, une pièce en germe, j'ai publié plus de deux cents nouvelles, qui toutes, toutes, offrent un sujet dramatique, soit dans la note tragique, soit dans la note

1. La *Paix du ménage*, comédie en deux actes, en prose, fut jouée à la Comédie-Française le 8 mars 1893. Maupassant était déjà trop malade pour pouvoir s'occuper de sa pièce. Ce fut Alexandre Dumas fils qui, — avec cette profonde bonté méconnue de tant de gens — la lut au Comité et en surveilla les répétitions.

gaie... Deux cents nouvelles!... Songez à cela!...

Tout-à-coup, comme désintéressé, d'une voix plus basse, plus calme, avec cette pointe d'accent traînant qui chantait bien son origine normande :

— Au fond, je n'aime pas le théâtre. Je n'y vais que très rarement. On y est mal. On y étouffe. De mauvais sièges, une atmosphère irrespirable. J'y souffre, positivement... Quant à la forme dramatique, c'est, à mon avis, une forme inférieure, pour moi très lointaine. Je ne puis croire à la réalité d'êtres fictifs représentés par des acteurs évoluant derrière une rampe, en des décors de carton peint... N'importe! Il y a à rajeunir ce genre vieilli, à trouver du neuf... Et je le ferai, moi, cela, je le ferai!

Puis, s'exaltant de nouveau :

— De tous côtés on me demande des autorisations pour tirer des pièces de mes œuvres... J'en ai donné quelques-unes... et puis je travaillerai seul... Deux cents nouvelles, pensez donc, là, bien à moi, sous ma main, dont je puis à mon gré extraire des drames ou des comédies! Toute une humanité frémissante, vibrante, que j'ai su créer! Une exploitation sûre! Une mine d'or, je vous dis, une mine d'or!

... Nous étions arrivés à destination. Je regardai Maupassant. Son visage s'était coloré plus qu'à l'ordinaire. Ses yeux profonds et douloureux brillaient étrangement. J'avais conscience d'une nervosité insolite, d'un déséquilibrement; mais qui eût pu prévoir la démence prochaine, prête à obscurcir ce puissant cerveau?

*
* *

Une mine d'or! Il eût certes été capable de l'exploiter lui-même, le pauvre ami! A travers son exagération, il avait vu juste. Si la destinée l'eût permis, le grand romancier eût été aussi un grand auteur dramatique. Il avait l'originalité de la conception, la vigueur et la rapidité du dialogue, une hardiesse constante à aborder de front les situations les plus osées...

Ce qu'il eût rêvé de faire lui-même, d'autres s'emploient à le réaliser aujourd'hui. Cette *Yvette* qu'il chérissait, à laquelle il voulait insuffler la vie théâtrale; cette *Yvette*, grâce à l'ingénieux et respectueux travail de M. Pierre Berton, a été applaudie au Vaudeville [1]. Le théâtre Antoine a donné avec succès *Mademoiselle Fifi* et *Boule-de-Suif*. Il en sera de même pour *Bel-Ami*, *Pierre et Jean*, *M. Parent*, d'autres encore. Il avait raison, le cher disparu. Une mine d'or !

Dormant entre les pages froides du livre, des figures s'éveillèrent, s'animèrent ; des types surgirent, farouches ou comiques, plaisants ou terribles, humains toujours. Car ce fut là le grand art de Maupassant ; c'est par là qu'il restera. Il a toujours su créer de la vie. Pas un de ses personnages n'a été fait de chic. Il savait voir, et, à peindre ce qu'il avait vu, il employait un des plus beaux styles qu'il nous soit donné d'admirer, un style de lumière, de vigueur, de simplicité. La langue française, la bonne langue honnête, traditionnelle, sans contorsions, sans cabrioles, sans néologismes exaspérés, lui semblait suffisante pour exprimer toute pensée, si délicate, si subtile qu'elle pût être. Relisez l'admirable préface de *Pierre et Jean* :

1. *Yvette*, pièce en trois actes, en prose, jouée pour la première fois au théâtre du Vaudeville, le 26 octobre 1901.

« La langue française est une eau pure que les écrivains maniérés n'ont jamais pu et ne pourront jamais troubler... La nature de cette langue est d'être claire, logique et nerveuse... Elle ne se laisse pas affaiblir, obscurcir ou corrompre... »

** **

Du fils, mes souvenirs vont maintenant à la mère. J'ouvre un cahier de notes personnelles et j'y trouve les lignes suivantes :

« *Nice, 9 février 1900*. — Vers cinq heures, été voir Madame de Maupassant. Fin de journée humide, triste. Petite maison dans une rue tranquille. Une servante m'introduit. Après avoir traversé un salon, j'entre dans une grande chambre au rez-de-chaussée, peu éclairée, encombrée de meubles, de paravents. Feu ardent dans la cheminée. Au fond de la pièce, dans la pénombre, un grand lit. Madame de Maupassant — qui ne se lève presque plus — m'y apparaît, appuyée sur des oreillers. Près de quatre-vingts ans. Tête blanche, traits réguliers. Des points de ressemblance avec son fils.

13

Elle a dû être fort belle. Très imposante encore, très grand air. Elle me tend la main. Tout de suite elle me parle de Guy, de son cher Guy. On sent qu'elle l'a adoré, qu'elle adore son souvenir. De sa main pâle elle nous montre ses portraits, ses photographies. Elle vit toujours en lui. Elle me parle d'elle, ensuite, de ses maux. Une maladie de cœur la cloue au logis. Elle peut être emportée d'une minute à l'autre. Elle me dit cela courageusement, sans terreur aucune. Une vaillante, de cette forte race normande que l'alcoolisme est en train de ruiner aujourd'hui. Puis elle nous parle de sa petite-fille Simone, la fille de son fils Hervé, si tristement, si prématurément disparu, lui aussi. Dans un coin de la pièce, elle me désigne le portrait de la fillette. Je me lève. Je regarde. Une tête exquise, une beauté de keepsake. Madame de Maupassant me conte son adoration pour cette enfant. Elle emploie des mots très tendres, comme quand elle me parlait de Guy. J'ai la sensation qu'elle vit entre ce passé et cet avenir. Je prends congé, profondément ému. Arrive une dame, amie de madame de Maupassant. Elle est très aimée, très entourée.

Je sors. Dans la rue, en marchant sur le trottoir boueux, je crois entendre encore à mon
oreille : « Guy! mon cher Guy!... »

*
**

Elle ne l'appelle plus, maintenant, son cher
Guy! Elle est auprès de lui. La petite fille
Simone pleure la bonne grand'mère envolée...
Que ce lui soit au moins une consolation de
penser que — dans cet « au-delà » auquel tant
de gens encore ont le bonheur de croire — la
mère a rejoint le fils et que cette réunion fut
douce à ces deux âmes ici-bas si tourmentées!

Décembre 1900.

DE-CI, DE-LÀ

VIVE L'ESPRIT !

Aux Variétés, *Miquette et sa mère;* au Vaudeville, *Éducation de prince;* au Gymnase, *Mademoiselle Josette, ma femme!...* Allons! l'esprit ne chôme pas en ce commencement de l'année, sur notre Boulevard; le joli esprit clair, délié, souple, délicat, un peu malin, jamais méchant; l'esprit qui vole, saute, babille, rit, s'amuse lui-même en amusant les autres; l'esprit qui pique, qui égratigne, mais qui ne blesse pas; l'esprit qui, flirtant parfois avec la sensibilité, s'attarde en une minute d'émotion sincère, mais essuie bien vite d'un sourire la mignonne petite larme qu'il a fait verser; l'esprit français enfin, l'esprit parisien si vous voulez (bien que cette appellation le diminue un peu en le localisant trop); l'esprit de Voltaire, de Beaumarchais, de... mon Dieu! de

tous ceux qui ont eu de l'esprit chez nous, et
la liste en est longue ! Oui, bonne série pour
l'esprit — et gros succès, succès de bon aloi,
de bonne compagnie, auxquels on applaudit
franchement, allégrement, sans remords et
sans honte, à pleines mains...

*
* *

Un monsieur ventripotent, grisonnant, l'air
sévère, me prend par le bouton et me dit :
— Oui... oui... sans doute... c'est très joli...
très amusant... on rit beaucoup... mais ce n'est
pas charpenté, ces pièces-là... ça ne tient pas
debout... dans celle-ci un dénouement trop
brusque... dans celle-là un revirement inattendu... dans cette autre un acte vide, tout en
conversations... De l'esprit, certes, beaucoup
d'esprit... mais rien que de l'esprit... Que
reste-t-il de cette sorte de théâtre?... Je n'y
vois qu'un amusement d'un soir, de quelques
heures... une manière de digérer agréablement
en compagnie... Le théâtre, môssieu ! le théâtre
doit être moralisateur, éducateur... Il doit
diriger les hommes, les rendre meilleurs...

Après avoir écouté une pièce, le spectateur doit avoir conscience de s'être amélioré, d'avoir fait un pas en avant vers le Beau, le Bien, le Grand, le...

— Mon bon monsieur, vous me produisez l'effet d'un éléphant cherchant à écraser des libellules. Ces pièces sont imparfaites? Elles ont des faiblesses, des défauts? Croyez que leurs auteurs sont les premiers à les reconnaître et qu'ils en conviennent de bonne grâce. Ils ont assez d'esprit — et vous leur en accordez beaucoup — pour ne pas croire leurs œuvres impérissables, taillées dans le granit. En les écoutant vous avez, dites-vous, agréablement digéré? Hé! hé! voilà déjà bien quelque chose! Les quatrièmes pages des journaux sont pleines de réclames pharmaceutiques qui promettent une satisfaction semblable — et ne tiennent pas souvent leur promesse ou la tiennent de façon moins plaisante. Quant au théâtre moralisateur, éducateur des masses, nul n'en admire plus que moi les tendances nobles et élevées. J'estime qu'il faut le respecter, le maintenir, l'encourager, mais un peu par platonisme, par amour des grands et beaux efforts. Quant aux résultats, y croyez-vous vraiment? Avez-vous jamais pu les constater? En sortant du théâtre, les hommes, dites-vous, doivent se sentir améliorés. Hélas! combien de fois cela arrive-t-il? Pour ne citer que deux exemples entre mille, croyez-vous que l'œuvre si remarquable d'Émile Fabre, *la Vie publique*, modifiera sensiblement nos politiciens, chaque jour plus... politiciens? Et *l'Assommoir*, de Zola, a-t-il enrayé en France les progrès effroyables de l'alcoolisme? Oui, certes, monsieur, admirons le théâtre moralisateur, bien qu'il ne moralise guère; mais aimons le théâtre aimable, gai, qui borne son ambition à charmer et à faire rire, et qui, sous sa forme badine où se glisse parfois un grain de morale finement dissimulée, va quelquefois plus avant dans l'âme humaine que les leçons trop directement données...

*
* *

... Un autre monsieur vient à moi maintenant, maigre celui-là, long, l'air absorbé, la figure triste, le cheveu pâle :

— Oui... oui... sans doute... c'est joli... De l'esprit... beaucoup d'esprit... mais rien que de l'esprit... Je ne puis m'intéresser à ces bagatelles... Tout cela, pour moi, est trop futile et surtout trop clair, trop aisément saisissable... Pas le moindre effort de la part du spectateur... Le mot part, passe la rampe, vous arrive dans l'oreille et on a compris, compris comme cela, tout de suite... C'est désolant!... Au théâtre, moi, j'aime ne pas saisir trop vite la pensée de l'auteur; j'aime la deviner, la pénétrer peu à peu, avec peine même, beaucoup de peine... Où il y a de la peine, il y a du plaisir... J'aime à trouver dans chaque personnage une entité qui se dégage peu à peu, mais pas trop, ni trop vite! Quant à la pièce, pour qu'elle me plaise, il faut absolument — oh! absolument! — qu'elle contienne un symbole... et un vrai symbole, dur à dégager; un symbole sur lequel on puisse ne pas s'entendre du tout les uns les autres; un symbole qui force à réfléchir pour être découvert et à réfléchir encore quand il l'a été, ou presque... Je ne vais pas au théâtre pour m'amuser moi, monsieur! mais je m'y amuse en ne m'y amusant pas... Vous comprenez?... Non!... Je vois que vous n'avez pas compris... Vous êtes un Latin, vous, incapable de volonté intellectuelle... Eh bien, je vais m'expliquer. Quand j'entends *le Canard sauvage* ou *les Revenants*, ces deux chefs-d'œuvre...

— Eh! oui, monsieur, chefs-d'œuvre, assurément! Mais chefs-d'œuvre bien rigides, bien austères, sans rayonnement et sans grâce; chefs-d'œuvre qu'on admire, qu'il faut admirer, mais qui, s'ils font travailler notre intelligence, ne charment guère notre cœur! C'est là, bien entendu, une opinion personnelle... Je suis sans doute inapte à comprendre toute la beauté du théâtre scandinave... mais, entre nous, je crois n'être pas le seul... Vous aimez à faire effort pour saisir la pensée de l'auteur? Vous souffrez quand elle vous arrive nette, pénétrant comme une flèche dans votre cerveau?... Eh! c'est justement ce que j'aime, moi, et ce qui, d'ailleurs, me paraît la qualité essentielle de l'art dramatique, quelle qu'en soit la forme. Indolence, futilité, paresse intellectuelle?... Peut-être!... Mais, comme vous le disiez tout à l'heure, nous sommes

des Latins, épris de simplicité, de logique,
d'action droite et prompte... Et puis, que voulez-vous? on aime encore à rire. Le « propre
de l'homme », affirme Rabelais. Il exagère,
hélas! et chaque jour nous prouve qu'on peut
en dire autant des larmes. La vérité est, comme
toujours, entre les deux. Pluie et soleil. Mais
le soleil nous attire davantage, nous autres
« de France », et si la gaieté n'est qu'un acci-
dent dans l'existence, nous nous plaisons à
multiplier le plus possible cet accident-là !

* *

« De l'esprit... rien que de l'esprit ! » ont dit
ces deux messieurs avec un dédain non dissi-
mulé. Peste! Mais c'est joliment joli d'avoir de
l'esprit et il faut savoir gré à ceux qui, en
ayant par eux-mêmes, en font largement jouir
les autres ! Je propose donc à tous ceux qui ont
applaudi *Éducation de prince*, *Miquette et sa
mère* et *Mademoiselle Josette, ma femme* — et
ils sont légion — de prononcer en chœur, avec
moi, les paroles suivantes, qui prennent comme
un air de litanies laïques sonnant à l'oreille :

Vive l'esprit ! — car l'esprit, le vrai esprit est chose rare, aimable et précieuse ;

Vive l'esprit ! — car il est la « raison assaisonnée », comme l'a dit ingénieusement J.-B. Rousseau ;

Vive l'esprit ! — car, à condition de n'être pas méchant, il contracte, à l'occasion, de charmants mariages avec le cœur ;

Vive l'esprit ! car il est presque toujours le fils de la gaieté, et la gaieté — j'entends la gaieté avouable, la gaieté des honnêtes gens, — est réconfortante et saine ;

Vive l'esprit ! — car avec la cuisine, les modes et les automobiles, il est parmi les supériorités françaises incontestées ;

Vive l'esprit ! — car en ces temps que nous traversons, il est l'éclair fugitif et béni qui déchire un moment les brumes dont nous sommes enveloppés ;

Vive l'esprit ! — car il n'est d'aucun parti, lui, d'aucune coterie, d'aucune combinaison parlementaire, d'aucun groupe, et, s'il est le privilège de quelques-uns, il se répand également sur tout le monde ;

Vive l'esprit ! — ce petit dieu exquis et

malicieux, — et grâces soient rendues à
MM. Donnay, de Flers, de Caillavet, Gavault
et Charvay, qui, sur notre vieux boulevard
parisien, en sont, au théâtre, les plus récents
prophètes !

Janvier 1907.

LES DEUX PRINTEMPS

Le printemps de Provence est aujourd'hui
en pleine gloire. Après quelques jours soit de
ciel gris, soit de mistral fou échevelant les
arbres, soulevant la poussière des routes, net-
toyant le ciel comme d'un immense coup de
balai, — tout s'est apaisé. Par mes fenêtres
ouvertes un gazouillis d'oiseaux me charme
l'oreille et me réjouit le cœur. Le vieux jardin
semble une volière. Les branches des ormeaux,
dénudées encore, montent dans un azur plus
stable et plus profond. Le soleil, si ami pendant le long hiver, est presque devenu l'ennemi que l'on ne fuit pas encore, mais dont
on se défie un peu. L'ombre redoutée depuis
quelques mois nous fait des risettes. Le banc
où l'on s'asseyait en janvier pour « prendre le
soleil » va bientôt être délaissé pour l'autre

banc, là-bas, où les cyprès mouvants allongent leur ombre fine... Les grillons ont commencé à chanter. Les crapauds, dans le bassin étroit, vont bientôt se mettre de la partie. C'est une poussée folle de fleurs, de verdure et de parfums...

Sortons du jardin. Voici la grande route toute blanche, avec ses peupliers poudreux et les taches claires de ses maisons. L'horizon des collines se perd dans une brume transparente qui semble chaude. Une impression d'été, déjà. Les voitures et les charrettes passent, grises de poussière. Aussi loin que le regard s'étend, les champs s'allongent, recouverts d'un vert tendre, délicieusement tendre, celui du blé qui pousse, espoir de la prochaine moisson. Les amandiers — très en retard cette année — n'ont fleuri que bien après la Chandeleur. Mais, en braves amandiers, ils ont réparé le temps perdu et jamais ils ne me semblèrent si beaux, dans leur grâce fraîche et parfumée. Les nobles lignes de la montagne de la Sainte-Victoire, notre voisine, se dorent, au soleil couchant, de teintes violettes, roses et mauves. Des amis, retour de Grèce, m'ont dit que rien n'était plus grec que cette montagne de Provence...

Allons plus loin, vers l'étang de Berre, notre voisin aussi. Cet hiver, nous l'avons vu par un temps glacial, et le petit village des Martigues, au pied de sa colline surmontée d'une chapelle, semblait transi de froid et de douloureuse angoisse. Ses humbles maisons se serraient les unes contre les autres, frileuses. Les bateaux, au retour de la pêche, poussés par une brise terrible, se hâtaient de rentrer au port. Aujourd'hui tout s'épanouit, se dilate. Les quais sont pleins de monde; les fenêtres s'ouvrent : les bateaux glissent doucement, sans hâte, sur des flots invraisemblablement bleus; les voiles pendent, souples et molles, le long des mâts, et d'une de ces barques s'échappent et viennent jusqu'à nous, dans un souffle tiède, les bribes d'une chanson provençale, soupirée par une voix fraîche et tranquille.

Marseille maintenant, Marseille, avec son animation, son vieux port, ses cafés tapageurs, sa Cannebière grouillante et, dominant tout, la statue dorée de la « Bonne Mère » qui tend les bras vers l'horizon, vers les marins qui ren-

trent au pays. Là, comme ailleurs, le printemps
étale sa gloire triomphante. Les fleurs débor-
dent des petits étalages du cours Saint-Louis;
les auvents multicolores se balancent drôle-
ment, gonflés comme des voiles; les jolies
Marseillaises, qui, l'hiver, craignent tant le
froid, commencent à enlever fourrures et man-
telets et à laisser voir les grâces de leurs tailles
fines et pleines; au lieu de marcher, comme en
décembre, droit devant soi, sans mot dire, on
s'arrête, on cause, on « palabre » entre amis,
entre connaissances et même entre gens qui ne
se connaissent pas... On est de Marseille, que
diable! et les mains se tendent aussi facilement
que les lèvres s'agitent...

Violent, brusque, brutal, le printemps de
Provence a plus d'éclat que de charme. Il grise,
il énerve, il affole, il est souvent presque hos-
tile et douloureux. Il évoque l'image de quelque belle fille au teint mat, aux grands yeux
de flamme, aux cheveux sombres, qui sourit
de toutes ses dents blanches, mais parfois par
plaisanterie, par *galéjade* — comme ils disent
— vous envoie un coup de poing dans le
nez.

**

Les grâces du printemps parisien sont tout
autres. Son ciel est bleu aussi, certes, mais d'un
bleu plus variable, plus discret. Il se voile souvent de légers nuages qui s'effilochent comme
des dentelles ou floconnent comme des ouates
dorées. Parfois de fugitives averses passent,
sédatives du corps et de l'âme. Ce sont petits
coups d'arrosoir qu'une main bienfaisante fait
tomber malicieusement de là-haut pour taqui-
ner les promeneurs et forcer nos coquettes
Parisiennes à laisser voir, ou à montrer — suivant le cas, — le bout de leurs pieds mignons...
Les arbres, sur les promenades, se parent du
premier sourire des bourgeons verts. La Seine
coule plus claire et moins tourmentée entre ses
quais où frissonnent les peupliers légers. Les
toits que l'hiver a fouettés pendant si longtemps de ses pluies et de ses bourrasques semblent s'étendre paresseusement sous un soleil
qui les sèche et les réjouit...

Et si nous sortons de la ville, voici, tout
autour d'elle, comme une ceinture de verdure
qui s'étale, grandit, s'épanouit chaque jour

davantage. Le populaire parc de Saint-Cloud arbore de nouvelles frondaisons en l'honneur des braves gens qui viendront déjeuner sur l'herbe, des tourlourous qui se promèneront bouche bée, des noces qui s'entasseront dans les chars trinqueballants des montagnes russes. Plus aristocratique déjà, la forêt de Saint-Germain se pare de fraîches verdures que terniront bien vite les rudes automobiles et les fantaisistes bicyclettes. Le parc de Versailles revêt pompeusement — comme sous le Grand Roy — l'habit que l'étiquette de la Cour dénomme « habit de printemps », habit d'un vert tendre idéal, brodé au plumetis de violettes, de muguets et de lilas, habit toujours à la mode et dont la forme, jamais renouvelée, est bien la plus galante qu'ait jamais créée dame Nature, la reine des couturières...

Tout cela — à Paris comme aux alentours — est joli, délicat, distingué, progressif si j'ose dire. Pas d'à-coups violents. Et, en opposition avec la Provence de tout à l'heure, je vois une gracieuse midinette, cheveux ébouriffés, yeux bleus, démarche souple et harmonieuse, qui sourit, elle aussi, mais au

lieu d'un coup de poing vous envoie une chi-
quenaude — entre deux rayons de soleil.

* *

Est-ce à dire que je veuille, comparant ces
deux printemps, établir ma préférence pour l'un
ou pour l'autre? Non certes. Ils ont tous deux
leur mérite et, au Midi comme au Nord, la
bonne nature se plaît, quand fleurit le renou-
veau, à se parer, aux yeux de l'homme, de ses
grâces et de son charme éternels. Au Midi
comme au Nord, sous une forme différente, elle
est toujours la grande consolatrice, l'amie fidèle
qui — comme l'a dit Lamartine — quand tout
change pour nous est toujours la même. Le
printemps tant vanté par les uns, tant décrié
par les autres, est, de toutes les saisons de
l'année, celle qui, à mon avis, émeut le plus
notre âme : émotion vive et sans mélange pour
ceux qui sont eux-mêmes au printemps de la
vie; émotion réfléchie et déjà un peu attristée
pour ceux qui jouissent de leur été rayonnant;
émotion mélancolique et grave pour ceux qui
sentent passer sur leur front les bises froides

de l'automne... En Provence comme à Paris,
devant la belle fille brune ou la jolie fille
blonde, ces derniers ont le même sourire, un
sourire qui veut dire ceci :

— Bonjour, ma belle enfant! encore une fois
bonjour! Je t'ai adorée; je t'aime encore... je
crois bien que je t'aimerai toujours... Mais
combien de temps ce « toujours » durera-t il?

La Malle, près Marseille, avril 1907.

A AIGUESMORTES EN AUTO

Puissante, active et silencieuse, l'auto a quitté, de bon matin, les environs de Marseille. Elle passe devant le pittoresque village des Pennes, côtoie l'étang de Berre, arrive à Salon, tourne à gauche, s'engage dans la Crau pierreuse et dénudée, entre dans Arles, tressaute sur les pavés pointus de ses rues, s'arrête devant l'*Hôtel du Nord*, ou, plus familièrement, *Pinus*.

Bonne marche, quatre-vingts kilomètres en moins de deux heures. Moins bon temps, par exemple. Petite pluie au départ; tout le long du chemin, bourrasques et éclaircies. Le mistral, définitivement, prend le dessus. Rageur, glacé, il ne nous quittera plus désormais...

Et c'est contre lui qu'après un déjeuner rapide à Arles nous luttons de toute l'énergie

de notre machine. Prise en tête dans la ligne
droite, harcelée de flanc dans les tournants,
souffletée à chaque virage, elle va, va toujours,
vaillante, régulière, avec, parfois, des halète-
ments de bête surmenée. Nous avons pris le
chemin le plus long, mais le meilleur, par
Saint-Gilles, Vauvert, Aimargues, Saint-Lau-
rent-d'Aigouze. Le pays est peu accidenté,
d'une grâce sauvage tempérée par les planta-
tions de vignes remplaçant les terrains incultes
de jadis. Enfin, les murailles d'Aiguesmortes
nous apparaissent là-bas, grandissant peu à
peu. Nous contournons la curieuse porte Char-
bonnière, ainsi dénommée parce que, au
xv⁰ siècle, un certain capitaine Charbonnier y
opérait le recouvrement du péage... Un dernier effort, et voici l'auto toute petite, hale-
tante, au pied des hauts remparts, puis dans
la ville, puis sur la place, devant la statue de
saint Louis, au cœur d'Aiguesmortes...

Salut, petite cité à la fois restreinte et grandiose, misérable et poétique, jetée comme une
sentinelle avancée à la droite du delta du
Rhône, au bas de cette grande France qui
s'étend si loin, si loin au-dessus de toi! Cité

étroite et pauvre, mais qui, depuis les siècles
lointains, as vu tant d'événements et tant
d'hommes, ne fût-ce que des messieurs d'une
certaine importance comme saint Louis, François Ier et Charles-Quint! Cité inspiratrice dont
s'émut Chateaubriand et que choisit Maurice
Barrès, pour y suspendre, le long des cré-
neaux, son *Jardin de Bérénice!* Voilà quelques
années, je suis déjà venu te rendre visite, ô
petite cité attirante; mais c'était lentement,
bourgeoisement, en chemin de fer, en voiture...
Aujourd'hui j'ai voulu prendre de toi une de
ces visions brèves, instantanées, superficielles
sans doute, mais aiguës et pénétrantes que
l'automobile fait défiler devant nos yeux impatients et blasés...

Du vent, du vent toujours. Aussitôt descendus nous voilà la proie du gardien, fléau
inévitable des monuments historiques. Quelle
loi mystérieuse a voulu que ces préposés
officiels ne soient presque jamais du pays?
Celui-là est Bas-Breton. Grand, flegmatique,
le képi en arrière, il nous précède, un trous-
seau de clefs en main — clefs qui donnent
à cet inoffensif fonctionnaire un faux air de

garde-chiourme. Dans un tourbillon de poussière il nous conduit à la célèbre tour de Constance, massive, puissante, la seule ne faisant pas corps avec l'enceinte. Nous voilà dans l'escalier en colimaçon, aux marches usées. Un coup d'œil à l'oratoire de saint Louis, un autre à la grande salle des Chevaliers et nous arrivons sur la plate-forme... Zou! zou! zou! le vent, un instant oublié à l'abri de la tour protectrice, nous saisit un par un à la sortie de l'escalier, nous happe, nous aspire, nous soulève, nous retourne... Un abri!... sinon nous allions être emportés comme de petits parachutes, et descendre, trop vite, de quarante mètres de hauteur... Paternelle, la main du gardien nous désigne le *Phare de Charlemagne*, élégante tourelle qui surmonte la tour.

— Monter encore?

— Quelques marches seulement... vue superbe...

— Allons!

Nous arrivons en haut de la tourelle sur un rebord circulaire, étroit, où il n'y a place que pour un de front. Nous nous serrons côte à côte, dans l'angle épargné par le vent. Le but de notre excursion est atteint; nous touchons à cette minute suprême et fugitive pour laquelle nous avons fait tant de kilomètres... Nous regardons...

A nos pieds, irrégulières, tapies les unes contre les autres, — tel un troupeau de moutons par grand vent, derrière un abri protecteur — nous apercevons les maisons de la ville, aux toits rouges ou bruns; tout autour, les maintenant, les enserrant de leur ligne rigide, les murailles avec leurs escaliers intérieurs et leurs chemins de ronde, les nobles murailles étonnamment conservées, assaillies par tant d'orages, cuites par tant de soleils, et d'où surgissent seize tours fortifiées : *Tour de la Gardette, des Cordeliers, de la Reine, de l'Arsenal, de la Marine, des Galions, de l'Organeau* (anneau de fer où l'on attachait les navires), des *Bourguignons* où, en 1421, on fit un tel massacre des susdits que, pour éviter la putréfaction, on couvrit de sel les cadavres entassés, de là le nom de « Bourguignon salé ». D'autres tours encore, droites, fières, si intactes, si « vraies » qu'on s'étonne de n'y point voir un archer debout et faisant le guet.

Plus loin, devant nous, les étangs — *du Roi,
du Levant, du Repos* — taches d'un vert bronzé
où frissonnent de capricieux rayons ; à l'extrême
droite, le *Grau du Roi* (*Grao*, embouchure en
langue romane) ; le golfe, qu'un large rais de
soleil éclaire obliquement, comme d'une lumière de féerie, et où, sur les vagues menues
et tourmentées, une flottille de barques de
pêche se hâte vers le rivage... Panorama
étrange, particulier, moins imposant, moins
écrasant, à mon avis, que celui d'Avignon vu
de l'île de la Barthelasse, mais plus sincère,
moins truqué que celui de la vieille ville de
Carcassonne où, comme à Pierrefonds et autres
lieux, la science de Viollet-le-Duc a trop sévi.

Hâtivement, fiévreusement, nous jouissons
de cette vue désirée. Et l'évocation se fait en
nous — évocation qui s'impose ici — des
embarquements pour les croisades, au temps
de saint Louis. Petites marionnettes fragiles du
XXᵉ siècle, transportées en cette place, commodément et rapidement, dans l'auto confortable,
sur de bonnes routes unies, — nous songeons
à ce que devait être l'arrivée des Croisés, sei-
gneurs ou manants, venus de Bretagne, de Nor-

mandie, de Picardie, de plus loin encore, à
pied, à cheval, en chariot, par des chemins
problématiques, à travers la grande France.
Deux fois ils se réunirent là, au pied de ces
murailles, et s'embarquèrent sur des nefs incer-
taines, pour des pays étranges, fabuleux, dont
beaucoup d'entre eux ne devaient pas revenir.
De quel regard ces hommes, aux sentiments
peu compliqués sans doute, mais par cela
même plus profonds, ne caressaient-ils pas
cette petite ville quand ils la voyaient peu à
peu s'enfoncer à l'horizon! C'était la terre
natale, le doux pays de France qui disparaissait avec elle... Mais ils partaient quand même,
sinon sans regrets, du moins sans défaillance,
car la Foi les poussait, les exaltait, cette Foi
qui, au cours de notre histoire, sema les
dévouements et les héroïsmes, cette Foi qu'on
essaie vainement de proscrire aujourd'hui...

*
* *

Le soleil baisse. Il est temps de partir. Nous
descendons, nous traversons de nouveau la
plate-forme. Le mistral est plus intense que

jamais. Le gardien, nous montrant l'enceinte de la ville, nous propose de faire le tour des remparts. Il ne nous dissimule pas que nous y serons formidablement éventés. Nous nous taisons. Il insiste :

— Le tour des remparts... le tour des remparts...

Alors une de nos compagnes de voyage, les cheveux envolés, le chapeau retourné, ahurie, affolée par ces dix heures de tempête, avec une franchise brutale, mais compréhensible :

— Ah! non!... nous en avons assez de vos remparts!

Et le gardien, également franc, avec un sourire du coin de l'œil :

— Et moi donc, Madame!

L'auto part. Nous regagnons Arles par un autre chemin, plus court. Nous voilà bientôt devant Montcalm, le château hospitalier de M. Louis Prat Noilly, le Mécène marseillais. Voici les vignes où, plus d'une fois, je pris part à d'inoubliables battues de perdreaux rouges et de faisans. Oh! les beaux coups de fusil là, près de cette *sylve*!... Boum! une détonation. Un coup de fusil? Non! Un « pneu » crevé, la facheuse *panne!* Une heure d'arrêt pour réparer le dégât, une heure que nous ne regrettons pas, car le spectacle est unique. Au loin, le soleil se couche derrière Aiguesmortes, dans un écroulement de nuages cuivrés. La plaine en est comme ensanglantée. Les troupeaux de moutons et de petits ânes passent, humbles, timides, pour regagner l'étable. De hauts bergers les accompagnent, silhouettes étranges, luttant contre le vent qui secoue furieusement leurs longues capes effilochées...

La nuit est venue. On allume les phares. En route! Traversée du Rhône sur le pont de bateaux de Sylveréal, arrivée à Arles, départ le lendemain matin, visite rapide aux Aliscamps et à Saint-Trophime... Le vent, un moment apaisé, se remet à souffler aussi fort, mais arrière cette fois, et il nous pousse si bien, si bien que peu à peu, par la Crau, par Fos, par les Martigues — ces originales Martigues où Ziem a peint la plupart de ses « Venise » — nous arrivons un peu ahuris, la tête un peu lasse, dans la vieille maison tranquille où le feu flambe dans les cheminées, où le déjeuner nous attend dans la salle à manger claire... Après toutes ces cinématographies, c'est la vision familière et aimée du petit coin où s'encadre la vie... Et voilà ce que nous te devons, délicieuse, terrible, maudite, haïssable — et adorable Auto!

La Malle, avril 1906.

UNE FILLEULE DE NAPOLÉON

Les journaux du Midi ont récemment an-
noncé la mort de Madame Napoléone-Hélène-
Charlotte de Montholon-Sémonville, comtesse
douairière de Lapeyrouse de Bonfils, veuve en
premières noces du vicomte du Couëdic de
Kergoualer, pieusement décédée à Aix-en-
Provence, dans la quatre-vingt-onzième année
de son âge...

On me disait toujours : « Allez donc voir
madame de Lapeyrouse... C'est la fille du général de Montholon, le fidèle de Napoléon à
Sainte-Hélène... C'est là qu'elle est née...
L'Empereur était son parrain... Malgré ses
quatre-vingt-dix ans, elle a conservé de lui un
souvenir très net et très ému... Elle en parle
volontiers... Elle est bonne, aimable, indul-
gente... Elle vous accueillera très bien... Cette

visite vous intéressera certainement... Et ne tardez pas trop à la faire, car madame de Lapeyrouse est bien âgée... D'un moment à l'autre... »

Habitant dans le voisinage d'Aix-en-Provence pendant quelques mois de l'année, rien ne m'était plus facile que d'aller voir madame de Lapeyrouse. Mais ne sont-ce pas les choses les plus faciles que notre nonchalance remet le plus volontiers au lendemain? Enfin, l'année dernière, je me décidai. Quelques mois de plus, et c'eût été trop tard. Et j'aurais perdu l'occasion de recueillir un des souvenirs les plus particulièrement curieux de ma vie. Après cette visite faite, en revenant au logis, j'ai jeté sur le papier quelques notes hâtives. Je les transcris ici telles quelles, ou presque.

Dans ces notes, je me suis surtout attaché à reproduire le plus scrupuleusement possible les paroles de madame de Lapeyrouse. Peut-être ne sont-elles pas toujours d'accord avec l'histoire *vraie*, ou du moins tenue pour telle; peut-être, si étonnante qu'elle soit pour son grand âge, la mémoire de ma vénérable interlocutrice a-t-elle eu quelques défaillances;

peut-être même, à force de raconter toujours les mêmes choses et depuis si longtemps, madame de Lapeyrouse en était-elle arrivée à tenir pour scrupuleusement exacts des faits qui ne l'étaient qu'à demi et que le recul du temps a déformés... Qu'importe! Je ne fais pas ici œuvre de critique, mais d'humble narrateur, d'*interviewer*, si l'on veut. Et j'estime que, même imparfaits ou inconsciemment infidèles sur quelques points, les souvenirs oraux d'un des derniers êtres humains qui ont approché le grand Empereur valaient bien la peine d'être notés...

9 avril 1906. — Été voir cet après midi madame de Lapeyrouse à Aix. Madame de Lapeyrouse habite dans le vieil hôtel d'Albertas, rue Esparia. Un de ses familiers, M. F..., lieutenant au 55ᵉ de ligne, veut bien me présenter à elle. Nous traversons une grande cour déserte. Il est cinq heures. Le crépuscule tombe. Nous montons un étage. Une vieille servante vient ouvrir.

— Comment va madame aujourd'hui, Claudine? interroge le lieutenant.

— Mais, pas mal... pas mal...

Nous entrons. Un serviteur nous introduit dans la salle à manger, où j'attends quelques secondes. Le lieutenant est entré dans le salon voisin, à gauche, parle avec madame de Lapeyrouse, lui annonce ma visite. J'entre à mon tour. Dans un fauteuil, en face de la cheminée, j'aperçois une figure longue, infiniment distinguée, encadrée de bandeaux blancs. Un grand nez, des yeux vifs encore, une pâleur mate. Le corps me semble mince, élégant même, autant que l'âge peut le permettre. Les bras s'appuient aux manchettes du fauteuil. L'aspect d'une femme de haute race, sans raideur toutefois. Un sourire aimable éclaire ce visage, une main maigre et fine se tend vers moi. Je la baise respectueusement et prends place sur une chaise basse. Aussitôt la conversation s'engage, par des banalités d'abord, puis, peu à peu, se précise. Madame de Lapeyrouse parle volontiers, d'une voix grave, harmonieuse, très nette encore. La phrase arrive facilement, l'expression est exacte, les mots sont justes, mais sans néologismes. Elle parle comme au temps de son âge mûr. J'écoute cette voix qui me semble venir de si loin, si loin dans le passé :

— J'ai quatre-vingt-sept ans[1], monsieur... J'ai été autrefois assez délicate... Deux pleurésies... Pendant une de mes grossesses, le typhus a failli m'emporter... J'ai eu neuf enfants, dont cinq vivants... Avec les années, ma santé s'est améliorée... Elle est aujourd'hui excellente... pour mon âge, s'entend !... Jamais un rhume... vue parfaite... le même numéro de lunettes depuis mes soixante ans... Je lis sans peine et sans fatigue... Quant à la mémoire, ça va, ça vient... un jour très nette, le demain moins... Tenez, par exemple, hier, je me souvenais très bien de l'Empereur...

Je l'arrête à ce nom prononcé avec une gravité émue. Il faut saisir le joint, la mettre sur le sujet passionnant pour elle... et pour moi :

— Et aujourd'hui, madame, vous en souvenez-vous bien, de l'Empereur?

1. En réalité quatre-vingt-dix. La naissance est de juin 1816, un an juste après Waterloo.

— Oui... bien... vraiment bien... Pensez! je suis née à Sainte-Hélène... il a été mon parrain... Quand j'étais petite, je le voyais toute la journée... Mes yeux étaient pleins de lui. Je l'aperçois encore dans son uniforme de colonel des chasseurs de la garde... celui qu'il affectionnait... et surtout le matin dans une robe de chambre en casimir blanc... Il était très coquet de son pied, fort joli d'ailleurs, et qu'il chaussait de souliers à boucles. Je venais de bonne heure dans sa chambre, en trottinant... Il y avait un lit avec des rideaux bleus à garnitures jaunes... L'Empereur me faisait sauter sur son genou... Au pas! au trot!! au galop!!! Je riais comme une folle... Lui aussi riait, car il était bienveillant, simple, excellent... Et sa voix!.. Je l'entends encore... Elle était bien timbrée, sans aucun accent... Tenez, monsieur, je l'entendrais derrière moi, cette voix, après tant d'années, je la reconnaitrais tout de suite!

Malgré moi, mon regard va derrière le fauteuil, dans la vaste pièce qui s'obscurcit peu à peu, comme pour y chercher la forme de l'Empereur...

Après un silence :

— Voulez-vous voir son épée? interroge madame de Lapeyrouse.

Sur ma réponse affirmative, elle fait un signe au lieutenant F... Il ouvre une vitrine, en tire une épée : aigle sur la coquille, lame triangulaire en acier bleu avec damasquinages d'or, fourreau en cuir très usé, ceinturon en drap noir, très usé également, bélière en anneaux de cuivre. Et comme je l'examine, la touche :

— Je l'embrasse parfois, me dit madame de Lapeyrouse, simplement.

L'épée remise en place, la filleule de Napoléon recommence à parler, égrenant au hasard le précieux chapelet de ses souvenirs :

— L'Empereur n'avait pas l'apparence d'un homme âgé... ni fatigué... Il était très vigoureux jusqu'au moment où cette affreuse maladie... Un cancer du pylore, vous le savez, monsieur... Maladie de famille... son père, sa mère en sont morts aussi.... Il avait eu déjà quelques atteintes de ce mal... il y avait résisté... mais le dernier assaut arriva, brusquement, pendant une promenade en voiture avec mon père... L'Empereur fit arrêter, tant sa souffrance était vive... Depuis lors, le mal empira... et la mort

arriva malgré les soins dévoués d'Antom-
marchi... L'Empereur, comme vous savez, est
mort chrétiennement... Dans les derniers
temps de sa vie, il était devenu très religieux...
il accomplissait scrupuleusement ses devoirs
de catholique... Une chose m'a frappée... c'est
une phrase qu'il répétait bien souvent, à
propos de Marie-Louise, dont l'abandon lui
était très pénible : « Ah! ce n'est pas ma bonne
Joséphine qui m'aurait laissé ainsi!... » Oui,
je l'entends encore cette phrase-là!...

Nouveau silence. Madame de Lapeyrouse
l'interrompt :

— Voulez-vous voir l'île de Sainte-Hélène?

Le lieutenant prend une gravure et me la
tend. Madame de Lapeyrouse regarde avec
moi, longuement, silencieusement. Se souvient-
elle bien de ces lieux qu'elle quitta si jeune?
Cette gravure où ses yeux s'arrêtèrent tant de
fois lui rappelle-t-elle le passé? Ou plutôt est-ce
à travers elle et *par* elle que ce passé — qui
n'avait laissé qu'une trace bien fugitive dans
son cerveau d'enfant — s'est gravé *ensuite*
dans son cerveau de femme, et persiste encore
dans son cerveau de vieille femme? Mystère!

C'est moi, cette fois, qui romps le silence :

— Et Hudson Lowe? vous en souvenez-vous, madame? Il a été bien cruel pour l'Empereur, n'est-ce pas? Un bourreau?...

Et madame de Lapeyrouse me fait cette étonnante réponse dont je ne discute point la véracité, mais dont je garantis l'exactitude — réponse qui me surprend étrangement, comme tout ce qui renverse en nous des idées depuis longtemps adoptées, auxquelles on a cru fermement et patriotiquement :

— Si je me souviens d'Hudson Lowe? Oui... je l'ai vu plusieurs fois près de l'Empereur, causant avec lui... Un bourreau? Oh! non! On a été très injuste à son égard, très injuste... Il fut correct, il exécutait les ordres donnés, sans y ajouter... L'empereur ne l'aimait certes pas... il ne pouvait pas l'aimer... c'était l'Angleterre qu'il haïssait en lui... Mais il rendait justice à l'homme, à sa tenue parfaite... Ce qu'il ne pouvait souffrir, par exemple, ce qui le mettait journellement en colère, c'était d'être appelé par Hudson Lowe *général* et non *Sire*... En cela, comme pour le reste, Hudson Lowe ne faisait qu'exécuter les ordres reçus... Quand nous allâmes en Angleterre après avoir quitté Sainte-Hélène, nous y fûmes très bien accueillis, moi et les miens... Mais — chose qui nous étonna beaucoup — Hudson Lowe était déjà détesté des Anglais... Son rôle de geôlier les humiliait... Et cet opprobre s'est étendu jusque sur ses descendants...

Le lieutenant me fait signe que l'entretien a assez duré, qu'en le prolongeant je risquerais de fatiguer madame de Lapeyrouse. Je la regarde une dernière fois. Il fait presque nuit dans la chambre. Seule, sa grande figure noble et pâle met comme une tache claire dans tout ce noir. Le reflet du feu qui se meurt dans la cheminée jette un peu de rose sur ses mains d'ivoire. Je me lève et prends congé.

— Adieu, monsieur, me dit-elle.

— Non, au revoir, madame.

— Croyez-vous?

— J'en suis sûr!

Je quitte la chambre, puis la maison, très impressionné. En quelques pas me voici dehors, sous les platanes du cours Mirabeau, devant la fontaine d'eau chaude, parmi les promeneurs déambulant avec ce calme essentiellement provincial — et provençal — de gens qui voient avec sérénité finir une journée généralement peu remplie...

* *

Je m'étais trompé en disant au revoir à madame de Lapeyrouse. C'était elle qui avait raison de me dire adieu. Malgré son énergie admirable, ses quatre-vingt-onze ans n'ont pu lutter contre une petite grippe d'hiver. Elle s'est éteinte sans souffrances, laissant une mémoire vénérée de tous. Je n'ai eu l'honneur de la voir qu'une fois ; mais de cette visite en quelque sorte *in extremis* j'ai conservé une impression si vive qu'il m'a paru intéressant d'essayer de la faire partager à ceux que passionne tout ce qui touche — de près ou de loin — à la mémoire du grand Empereur.

La Malle, janvier 1907.

DEUX MOUSQUETAIRES

(DUMAS ET MISTRAL)

C'est avec un assentiment unanime et enthousiaste que le public et la presse ont accueilli la double promotion, dans la Légion d'honneur, d'Alexandre Dumas fils et de Frédéric Mistral, grand officier l'un, officier l'autre.

Pour ceux qui, comme moi, ont l'honneur et le bonheur de personnellement connaître les deux nouveaux promus, cet assentiment est devenu une joie sincère, une très réelle émotion. L'un et l'autre sont de ces êtres supérieurs et rares pour lesquels l'admiration marche de pair avec l'amitié.

Et, à cette émotion, s'est ajouté un plaisir de raffiné, de dilettante en quelque sorte. Car cette nomination, arrivée en même temps, par le même décret — le décret des étrennes — a

quelque chose de piquant, d'amusant, comme
on dit aujourd'hui. Elle réunit, en effet, deux
personnalités, tout à fait dissemblables à première vue, mais, par certains côtés, se rapprochant singulièrement.

* *

Je n'aurai garde d'essayer ici une étude com-
parative des deux œuvres; c'est des hommes
seulement qu'il s'agit et de leurs dissemblances,
et de leur point de contact.

Dissemblables? Oh! oui, ils le sont, et par
leur façon de vivre, et par leur goûts, et par le
cadre même qui les entoure.

Dès le seuil de l'appartement de Dumas, rue
Ampère, vous devinez le Parisien artiste,
raffiné, amateur passionné de peinture et de
bibelots. Un domestique bien stylé vous introduit dans un salon luxueux, mais de luxe discret et de goût excellent. Voici le Maître qui
vient à vous, affable, la main tendue. Si votre
visite est matinale, il porte le costume de travail en étoffe de laine grise que les chroniques
et la photographie ont popularisé; si c'est

l'après-midi que vous l'allez voir, vous le trouvez en redingote boutonnée, d'une tenue irréprochable, d'élégantes chaussures marquant la cambrure de ses pieds fins et aristocratiques.

La conversation s'engage, ou — pour être exact — Dumas parle, et vous êtes ébloui par ces fusées d'esprit, ces paradoxes aveuglants, cette goguenarderie puissante et profondément amère, et la voix aussi vous « prend », la voix d'un timbre un peu rauque, mais vibrante, ironique, véhiculant une articulation très nette.

La visite finie, quand vous redescendez dans le grand Paris, quand vous vous mêlez à cette humanité affairée, fiévreuse, dont vous devinez les faiblesses ou les vices, votre admiration grandit et s'exalte encore pour cet homme qui a su pénétrer dans les âmes de tous ces êtres, les analyser, les disséquer, les jeter, frémissantes, sur les planches d'un théâtre, devant le public.

.

... Voilà deux mois environ, nous arrivions devant la maison de Mistral, à Maillane, au retour des Baux. La soirée était délicieuse. Un

placide rayon de lune enveloppait la demeure
du poète. La petite porte s'ouvrit. Une servante nous mena dans la « salle ». Des murs
blanchis à la chaux, une haute cheminée, des
chaises en paille, une table ronde, recouverte
d'une toile cirée, une simple lampe éclairant
tout cela. L'intérieur d'un fermier très à son
aise, d'un paysan qui aimerait l'étude — car, à
côté, nous visitons bientôt le cabinet de travail, encombré de livres. Devant la fenêtre, un
modeste bureau où l'auteur de *Mireille* — qui
compose toujours en marchant dans la campagne — écrit, au retour, ses beaux vers enso-
leillés.

Nous voici réunis autour de la table, dans la
petite salle, dégustant un verre de liqueur de
verveine. Avec nous, madame Mistral, douce
et belle; puis la servante amie, prenant patriar-
calement sa part à la causerie; puis Pain-Perdu,
le chien familier du maître, un chien noir, fan-
tastique, aux yeux troublants, qui gronde de
joie quand on le caresse et cherche à mordre...
par reconnaissance. En son complet clair, une
cravate rose au col, son chapeau de feutre gris
rejeté sur le derrière de la tête, Mistral est là,

tranquille, souriant. Tout à l'heure, en voiture,
pendant la route de Saïnt-Rémi à Maillane, il
nous a dit des histoires de sa vie : ses débuts,
son mariage, son enfance; une baignade involontaire et répétée, suivie d'une forte correction paternelle; le gilet du grand-père, pris un
jour et conservé depuis lors, dans l'armoire,
avec un soin pieux. Maintenant encore il cause,
il plaisante, fume un dernier cigare... Soudain
le plus jeune de la « société », le seul céliba-
taire, en reposant son verre sur la table, le
brise. Nos hôtes de rire ensemble, y compris la
bonne servante, et de s'écrier, avec une fraîche
gaieté d'enfants : « Il se mariera dans l'année! »

Et c'est sur ce rire que nous quittons la
suave maison — *parva domus, magna quies* —
où s'écoulent loin du bruit des villes, près de
ces paysans qu'il aime tant et qu'il chante si bien,
les jours placidement laborieux du poète...

*
* *

Où donc le point de contact entre ces deux
hommes, entre le Parisien désenchanté et scep-
tique, le Provençal rêveur et croyant? Où?...

mais dans la forme physique, dans la qualité
d'âme.

Ils sont tous deux de la même race, la race
des solides, des vaillants, des forts; de cette
vieille race française, élégante et hardie, témé-
raire même, qui bataillait pour une idée, une
femme ou une fleur; qui faisait la guerre et
l'amour avec une même allégresse; qui, la nuit,
dégaînait sous la lanterne, contre les malan-
drins, et, le jour, au soleil, montait à l'assaut
parmi les arquebusades, le pistolet au poing et
le sourire aux lèvres, la race des « en avant »,
des mousquetaires, des d'Artagnan!

Sur leurs têtes fières, aux traits nobles, au
nez droit, à la moustache fine, aux belles
dents saines, se fût également bien dressé le
large feutre noble et cavalier. Sur leurs larges
épaules, que les années n'ont point voûtées,
le pourpoint de buffle se fût adapté à merveille;
le ceinturon de cuir, soutenant l'épée, eut
entouré sans peine leurs tailles toujours sveltes.
Et, aux talons des grandes bottes fauves, ponc-
tuant la démarche ferme, eussent sonné d'un
rythme égal les clairs éperons d'acier...

Oui, deux d'Artagnan dont le front s'est un

peu plissé, dont s'est assagi le juvénile entrain ;
mais d'Artagnan quand même, — et mousquetaires. Tous deux courageusement partis à
la conquête de la gloire, et, au cours d'une
vie déjà longue, n'ayant connu ni un découra-
gement, ni une défaillance ! Tous deux généreux, larges d'idées, pitoyables aux souffrants
et aux déshérités ; tous deux, par des voies
différentes — flagellation du mal ou idéalisa-
tion du bien — tendant au même but : le
relèvement, l'ennoblissement des âmes ! Tous
deux, enfin, épris de franchise, de clarté, de
loyauté et d'honneur : Parisien ou Provençal,
tous deux Français !

*
* *

La toute jeune génération littéraire — celle
qui monte et nous pousse, flot à flot, jour à
jour — est, affirme-t-on, peu respectueuse des
maîtres et exclusivement admiratrice des
œuvres scandinavement nébuleuses. Je n'en
veux rien croire. Mais, s'il est quelque chose
de vrai dans cette affirmation — qui m'a tout
l'air d'une calomnie — d'étincelants exemples

comme ceux de Dumas et de Mistral sont faits pour guérir les âmes obscurcies par une maladie qui ne peut être que passagère.

Que ces jeunes contempteurs de nos gloires nationales, détournant un moment leurs regards du Nord brumeux, les ramènent sur notre France. Au sommet de la côte où s'essayent leurs premiers pas, ils verront les nobles silhouettes des deux mousquetaires — leurs chefs de file — se découper fièrement sur les splendeurs d'un soleil qui déjà décline. Si leur bonne foi est intacte encore, ils sentiront une douce et sainte émotion leur monter à l'âme. Le cercle de leurs admirations s'élargira, et ils s'en réjouiront... Aimer, admirer, n'est-ce pas parmi les plus grandes joies de la vie?

Janvier 1895.

LES ŒILLETS ROSES

Un des derniers soirs de l'année, je causais,
au coin du feu, avec ma charmante amie
madame de T...

Si, au lieu de cette simple initiale, je citais
le nom tout entier, beaucoup de ceux qui me
lisent s'écrieraient : « La délicieuse femme !
Nous aimons sa jolie tête fine, ses yeux francs,
ses cheveux argentés à peine, son esprit original,
et surtout, surtout nous admirons son cœur
indulgent, ouvert à toutes les délicatesses, à
toutes les pitiés !... Ah ! vous causiez l'autre
jour avec madame de T...? Eh bien ! mon cher
monsieur, vous n'étiez pas à plaindre ! »

Non certes, je n'étais pas à plaindre. Nous
parlions du jour de l'an, de ses ennuis, de ses
corvées. Tout doucement, étant l'un et l'autre
d'un âge où, sans radoter encore, Dieu merci !

on s'entretient très peu de l'avenir, un peu du présent et beaucoup du passé, le souvenir nous revint des jours de l'an déjà vécus, dont beaucoup nous furent indifférents et ternes, tandis que d'autres laissèrent en nos cœurs des traces de douceur ou d'amertume...

— Vous vous rappelez Maxence? me dit madame de T...

— Comment donc!... Voilà deux ans à peine qu'il est mort... et à peu près à pareille date, je crois?...

— Oui, le 2 janvier.

— C'était un être exquis, artiste jusqu'au bout des ongles. Sous son apparence de mondain frivole, il cachait l'âme la plus sensible, la plus aimante...

— Trop aimante même! Vous avez connu sa passion pour lady White?

— Oui. On m'a affirmé que ce ne fut jamais qu'un « flirt d'âmes ».

— Et on a eu raison. Bien que sensiblement plus jeune, Lisbeth était une de mes meilleures amies. C'est une singulière femme, un « type », comme on dit aujourd'hui. Méchante? non, certes! mais légère, futile, incapable d'un attachement sérieux. Avec cela, toujours en mouvement. courant d'un endroit à un autre, d'une sensation à une autre sans pouvoir s'arrêter une minute. Une agitée! Elle n'a jamais eu pour Maxence — qui l'adorait — qu'un sentiment vague, fugitif comme un nuage...

— S'en est-il jamais douté?

— Non!... Il a eu la douceur de se croire aimé jusqu'à la fin. Et cela, grâce à moi.

— Comment, grâce à vous?

— Après quelque temps de ce flirt d'âmes dont vous parlez. Lisbeth devait, comme tous les ans, retourner en Amérique pour y passer l'hiver. Étant de ces femmes qui ont l'horreur d'écrire — il paraît que cet aveu suffit à justifier toutes les paresses et tous les oublis — elle promit à Maxence qu'il recevrait chaque quinzaine, tant que durerait son absence, un petit bouquet d'œillets roses, remplaçant toute autre correspondance.

— Pourquoi des œillets roses?

— En souvenir d'une exposition d'horticulture, au Cours-la-Reine, où ils avaient longuement causé ensemble... C'était un désir de Maxence, une idée d'amoureux, enfin!...

Lisbeth quitta Paris dans les derniers jours d'octobre. Est-ce le chagrin?... Qui sait?... Toujours est-il que, peu après, Maxence, déjà atteint de la poitrine, tomba gravement malade. Obligation absolue de rester au logis. Je vais le voir. J'arrive dans son petit hôtel de la rue Hamelin...

» Quelle merveille!... Tout y était arrangé avec un goût!... Je vois encore ce « studio » trop modern style à mon sens, mais si curieusement artistique...

» C'est là que je le trouve, étendu sur un divan, pâle, les traits altérés. Tranquillement, il me prend la main : « J'en ai pour deux mois. Je ne verrai pas l'an prochain... »

» Et comme je me récrie :

» — Oh! je suis tout à fait résigné... D'ailleurs, à quoi bon vivre?... Jamais Lisbeth ne sera mienne...

» — Parler ainsi! à vingt-cinq ans!...

» Il ne me répond pas, tend la main vers un vase japonais où s'épanouissent quelques œillets :

» — Vous connaissez sa promesse? Oui, je sais... Elle vous a parlé... Deux mois! ça ne fera que quatre bouquets. Je ne demande que quatre bouquets... Pas bien exigeant, dites?

» — Pauvre petit!

* *

Madame de T... reprit :

— Quinze jours se passent pendant lesquels je fais de fréquentes visites à Maxence, dont l'état empire visiblement. Le 15 novembre arrive. C'est l'échéance pour le second bouquet. Je suis chez lui vers cinq heures. Dès l'entrée, mes yeux vont droit à la table. Le vase japonais est vide...

» — Oh! un retard sans doute! fait-il en souriant.

» — Certainement...

» Le lendemain, je reviens à la même heure. Pas de bouquet.

» — Ce sera pour demain, soupire-t-il, en se laissant aller sur les coussins, découragé.

» Je veux en avoir le cœur net. En le quittant, je me fais conduire chez le fleuriste où se fournit toujours Lisbeth. Peut-être y apprendrai-je quelque chose. Je m'informe :

« En effet, m'est-il répondu, lady White a commandé des œillets roses. C'était le jour de son départ. Elle était pressée, en coup de vent, comme toujours... Elle a dit d'envoyer ces fleurs rue Hamelin, le 1ᵉʳ novembre... Mais rien de plus... »

» Je comprends ce que je soupçonnais déjà. L'écervelée Lisbeth avait fait la commande, mais pour une fois seulement, sans penser à l'avenir, à la promesse donnée... qui sait? ne voulant peut-être pas la tenir, cette promesse, quelque flirt nouveau l'ayant déjà affolée...

— Il fallait lui écrire!

— Ce fut naturellement ma première pensée... Mais vous savez la vie nomade qu'elle mène, insaisissable, courant en auto d'un bout de l'Amérique à l'autre, flanquée d'un mari insupportable et jaloux... jaloux à ce point que Lisbeth avait défendu à Maxence de lui écrire... Quant à moi, malgré tous mes « faire suivre », où ma lettre irait-elle la trouver?... Et puis, je serai franche, mon cher ami, très franche. Nous sommes toujours un peu romanesques, nous autre femmes... Or, comme j'allais sortir de la boutique du fleuriste, l'idée me traversa

le cerveau de me substituer à Lisbeth, d'être en
quelque sorte sa remplaçante et d'assurer ainsi
quelques dernières joies au pauvre malade...

— Et vous avez commandé les œillets?

— Oui. Et quand j'arrivai le lendemain :
« Vous voyez, me dit-il avec une flamme dans
les yeux, j'avais raison : un simple retard! »

» Vous comprenez, cher ami, que chaque
quinzaine j'envoyai régulièrement les œillets...
Que dis-je, chaque quinzaine? Hélas! comme le
pauvre petit l'avait prédit, il n'y en eut que
trois... 1er décembre, 15 décembre, 1er janvier.
Ce jour-là, je trouvai Maxence plus faible que
jamais. Depuis quelque temps, il ne quittait plus
son lit. Et c'est à son chevet que je voyais
toujours les œillets roses. A chaque instant, il
les prenait d'une main amaigrie, et longuement,
délicieusement, en aspirait le parfum.

» — 1er janvier... mes étrennes, murmura-t-il.
Ma Lisbeth... J'étais bien sûr d'elle... Vous en
avez douté un peu, vous, chère madame, con-
venez-en...

» — Non, répondis-je, pas une seconde.

» J'ai idée que le bon Dieu m'a pardonné
ce mensonge-là.

*
* *

» Le lendemain, au point du jour, on vient m'annoncer que Maxence a été emporté en quelques minutes. Me voilà chez lui. Je le vois étendu, très pâle, très beau, plus beau que jamais. Les deux mains, croisées sur sa poitrine, tiennent étroitement serrés les œillets, ses dernières étrennes...

— Et c'est à vous qu'il les devait, chère amie! Il n'y a que les femmes pour avoir de ces délicatesses-là. Mais... lady White?... A-t-elle jamais su?...

— Non. Quand je l'ai revue, au printemps suivant, elle m'a semblé un peu gênée... Elle me fit une allusion vague à la mort de Maxence. Je détournai la conversation. Elle n'insista pas. Notre intimité, d'ailleurs, se refroidit. Et je gardai pour moi mon secret, mon doux secret...

Un silence s'établit entre madame de T... et moi. Je le rompis le premier et avec une curiosité embarrassée, mais très aiguisée :

— Et ce secret, ce doux secret... est le seul?

— Qu'entendez-vous par là? fit-elle en relevant la tête.

— Mon Dieu!... Suis-je assez indiscret!... Je me demande si, en jouant ce rôle charitable auprès de ce pauvre garçon, en le voyant si fréquemment, en vous attachant à lui par votre bonté même, — et c'est là ce qui attache le plus, — vous n'avez pas éprouvé pour lui un sentiment très vague, indéfinissable, pas d'amour, non!... mais de pitié tendre... en un mot, si vous ne l'avez pas aimé... oh! de la façon la plus noble, la plus élevée, la seule dont vous êtes capable... mais enfin aimé, un petit peu aimé? Je me demande même si votre divin cœur de femme, toujours prêt à se dévouer, en a voulu beaucoup à l'oublieuse Lisbeth de vous avoir donné, sans y songer, l'occasion d'épargner une douleur à un être souffrant, de lui conserver, jusqu'à la fin, une illusion qui lui était chère?...

Madame de T... ne répondit pas. Elle regarda longuement les flammes mourantes du foyer, et d'une voix presque imperceptible :

— Ne remuons pas les cendres, fit-elle.

Janvier 1910.

16

VÉRONIQUE

OU

LA VIEILLE AUTO

Voilà quelques jours, avant de quitter Paris, petite promenade à pied, le matin. Temps maussade. Il a plu toute la nuit. Au coin de l'avenue Malakoff, une auto frôle le trottoir, et frrrout!... me voilà moucheté de boue des pieds à la tête...

— Maudites autos!

Quelqu'un arrive derrière moi, en courant. Je me retourne Le jeune Galibier est là, tout penaud, le chapeau à la main :

— Oh! pardon! pardon! cher monsieur... je suis tout à fait désolé... tout à fait...

Je comprends, et, avec un geste qui m'enveloppe en entier :

— Ah! c'est votre auto qui?...

— Oui! je vous avais reconnu de dos. J'ai freiné brusquement... Trop tard!... J'ai sauté à bas de ma machine pour m'excuser... Je suis très, très embêté...

C'est un grand blond de vingt-cinq ans, très « sport », d'intelligence... moyenne, mais de cœur excellent. Fort expansif, en outre, et bavard comme une crécelle.

— Allons! ne vous tourmentez pas ainsi... Un coup de brosse, et il n'y paraîtra plus.

Il tend le bras vers l'auto, arrêtée à quelques mètres.

— Ah! ma vieille Véronique!... Quel sale coup pour ta dernière sortie!

— Véronique?...

— Oui, c'est le nom de mon auto... Je l'ai baptisée ainsi à cause d'une vieille tante à moi, un type cocasse... Elle m'a fait un excellent service... Une netteté dans les virages... une souplesse dans les côtes...

— Madame votre tante?...

— Non! Véronique!... Épatante, en dépit d'une carrosserie trop lourde, mon erreur de début... Mais que voulez-vous? Elle n'est plus jeune, maintenant... Le moteur crache... les bois jouent... elle peine aux montées. Oh! elle a été bien soignée, bien dorlotée... J'ai un chauffeur parfait... un Parisien débrouillard... ancien ouvrier mécanicien... Georges, de son petit nom... Il l'aimait bien, sa Véronique... Mais, cinq ans, pour une auto, c'est le bout du monde!... Ça se démode... Ça vieillit... Vous savez ce que c'est...

— Hélas!

— Pardon! je ne voulais pas... Décidément, je « gaffe » tout le temps aujourd'hui... Et puis, je vous tiens là, debout, à vous raconter un tas de choses... qui ne vous intéressent pas...

— Oh! vous savez... Pendant ce temps-là, moi, je sèche!

Le bon garçon s'arrète, interloqué, ne sachant trop que dire, ni que faire. Tout à coup, avec le désir manifeste de m'être agréable :

— Voulez-vous que je vous montre ma nouvelle auto?...

— Oh! les autos!... Je n'y entends goutte...

— C'est ici, à dix mètres, chez mon carrossier. J'y allais quand je vous ai si bêtement humecté...

— Soit ! mais à une condition... c'est que vous me ramènerez chez moi...

— Comment donc !... ce sera la dernière course de Véronique...

— Les adieux de Fontainebleau !

*
* *

Nous voilà chez le carrossier.

Bichot père, — la raison sociale de la maison est « Bichot père et fils, » — arrive à notre rencontre, la casquette sur l'oreille, clopin-clopant, vert encore malgré ses soixante-quinze. Comme un peu diminué par l'âge et craintif des réponses à faire, à peine nous a-t-il salués qu'il se retourne et, d'une voix de rogomme qui perce les profondeurs de l'atelier :

— Hyacinthe !

— Voilà ! Voilà !

Hyacinthe, fils Bichot, arrive comme une trombe, dans son costume de travail. Et familièrement, joyeusement :

— Elle est chic, allez, vot' auto, m'sieu Galibier ! Nous y avons donné le dernier coup de fion hier soir... Elle peut rouler à la minute...

Une merveille, que je vous dis! Venez voir ça!

C'est une grande limousine, sérieuse, imposante, peinte en jaune et noir. Un silence quasi-religieux plane, coupé seulement par le bruit du marteau de forge, là-bas. Nous restons comme figés autour de la machine : Bichot, père et fils, l'œil interrogateur, les poings sur les hanches, dans l'attitude du bon ouvrier content de l'ouvrage « bien faite »; Galibier, les jambes écartées, les mains dans les poches de son veston; Georges, le chauffeur, petit homme à moustaches brunes, les bras croisés sur la poitrine; moi, simple comparse d'attitude quelconque.

La voix claironnante d'Hyacinthe éclate ;

— Ça y est, n'est-ce pas?

Galibier ne répond rien; mais sa physionomie est grave. On sent que cette minute comptera dans son existence. Il examine la machine du capot à l'arrière, minutieusement. Il lui imprime un mouvement de va-et-vient pour voir si elle est souple sur les ressorts, monte sur le siège, se rend compte que le volant est bien en main, descend, saute dans la voiture, s'assied sur la banquette, vérifie d'un

coup d'œil si tout est en place, et de là, tel Napoléon du fond de sa berline, dans les grands jours :

— Oui, Hyacinthe, ça y est!... on peut le
dire!

Puis, sautant à terre et s'adressant à moi,
un peu oublié, j'en ai peur, pendant ces
minutes solennelles :

— Belle machine, hein?

Bichot père, Hyacinthe, madame Hyacinthe,
Georges et moi-même, entraîné par l'exemple,
nous reprenons en chœur, comme en une
antique mélopée :

— Pour sûr!... c'est une belle machine!

**

Nous rentrons chez moi, dans la vieille auto,
suivant promesse faite. Galibier est assis à mon
côté.

— Eh bien! vous êtes content?...

A ma grande surprise, il hoche la tête, et
sans enthousiasme :

— Content? Oui, certes!... Et j'ai voulu surtout en avoir l'air, à cause de ces braves gens.
Mais, au fond, voyez-vous... C'est idiot ce que

je vais vous dire... J'ai peur de passer à vos yeux
pour un imbécile... Mais que voulez-vous?
Tout le monde cache en soi un petit coin de
sentimentalité bébête, une petite fleur bleue...

— Allez-y gaiement! Pour ma part, j'en
cultive tout un parterre!...

Sa voix, jusqu'ici comme indifférente, est
devenue presque grave : la voix des confi-
dences mélancoliques d'ami à ami.

— Eh bien! entre nous... Ça me fait de la
peine de lâcher Véronique! Je sens quelque
chose là, dans la poitrine, comme si je quittais
une bonne petite amie avec laquelle j'aurais
vécu pendant cinq ans... et à qui je n'aurais
aucun reproche à faire... Pensez donc!... Véronique a été ma première auto ; c'est avec elle
que j'ai connu les premières joies de la
vitesse... La vitesse!... la griserie de la
vitesse!... Oui, vous souriez à ce mot-là!...
Vous n'y comprenez rien, vous autres, les
« retro »... Oh! pardon! ma troisième gaffe!

— Ne les comptez plus, je vous en prie!

Il continue, un peu exalté, s'adressant tantôt
à la voiture, tantôt à moi :

— Ah! nous en avons fait du chemin

ensemble, ma bonne vieille! Depuis ta première sortie, par un joli matin d'octobre... Va!
je m'en souviens bien!... Versailles aller et
retour, le galop d'essai des autos... En avons-
nous assez bouffé de kilomètres! avalé de
côtes! Les environs de Paris d'abord, à fond...
Très mauvaises routes à la sortie... Après, ça
va! La Normandie... du bon et du mauvais...
un joli pays, mais de sales côtes... et presque
partout un sacré silex qui coupe les pneus
comme des rasoirs... Les Vosges... du pittoresque, mais la mort des pneus... Le lac de
Genève... un bout de Suisse... routes passables,
mais des municipalités vieux jeu qui ne tolè-
rent que du huit à l'heure, et encore!... La Provence... oh! la bonne Provence!... Avignon...
Arles... Marseille... Cannes... Nice... tout le
ruban d'azur... Un Paradis!... Sauf la poussière
qui aveugle et les charretiers qui ne veulent
pas se ranger, un bonheur de faire de la route
par là... Un soleil de délectation... de jolies
brises... la mer bleue qui vous fait risette aux
tournants... La panne elle-même, la fâcheuse
panne y est bénie... On change le pneu à
l'ombre des oliviers... On fume une cigarette...

et on repart plus en forme qu'avant! Sûr, j'y
retournerai en Provence, avec l'autre, la nouvelle, Véronique II... Car j'ai voulu conserver
ton nom, ma vieille... Après Véronique Ire,
Véronique II... et après, pour ma troisième
auto, Véronique III... et ainsi de suite, tant
que je serai fichu de tenir un volant. Une
dynastie d'autos que je fonde, quoi! Oui, j'y
retournerai, là-bas... et j'y ferai encore des
kilomètres, des myriades de kilomètres... Mais
ce ne sera plus la même chose qu'avec toi, ma
cocotte... Ce sera du réchauffé, du retapé, du
replâtré... Ah! Véronique, ma toute belle, je
regrette de t'avoir vendue, maintenant, et si
mal... comme un vrai clou... C'est honteux
pour toi... et surtout pour moi. J'aurais dû te
garder toute ma vie, dans un joli petit garage...
comme une relique dans une chapelle... Mais il
fallait bien... La galette... la terrible galette!...
Est-ce qu'on fait jamais ce qu'on veut, dans
cette bécasse de vie?

*
* *

Sur cette réflexion, aussi banale que profonde, nous arrivons devant mon logis. Le

brave Galibier est très ému, d'une émotion gentille et touchante. A peine à terre, il enveloppe la voiture d'un regard, passe une main caressante sur le capot, comme un cavalier sur le chanfrein de sa bête, puis, tout à coup, reculant d'un pas :

— Emmenez-la, Georges, que je ne la voie plus !

Le chauffeur obéit. La vieille auto, trinqueballante, dévernie, lasse, comme affaissée sur ses essieux, démarre péniblement, avec un bruit angoissant comme un sanglot, où il semble que son dernier souffle s'exhale, et disparaît au coin de la rue.

Galibier s'est retourné, pour ne pas la voir. Les mains dans son veston, le nez en l'air, il sifflote ; mais je vois bien ses yeux humides...

Et, une fois de plus, je comprends le *Sunt lacrimæ rerum* du poète. Oui !... les choses elles-mêmes arrachent des larmes... Mais tu n'aurais jamais pensé qu'on te citerait un jour à-propos d'une auto, hein ! sacré Virgile, mon vieux colon ?

Août 1909.

LA DÉFENSE DU CIEL

(FANTAISIE PARADOXALE)[1]

J'entre dans l'atelier de mon vieil ami Vercotte, le paysagiste célèbre. Il est assis devant sa haute cheminée, lisant un journal. Il tourne la tête, et, sans se lever, avec sa bonhomie brusque :

— Encore un aviateur démoli. C'est abominable !

— Que veux-tu, mon cher ! La loi fatale du Progrès. La Science...

Il se lève d'un bond, vif comme un jeune homme malgré ses soixante bien sonnés, tor-

---

1. Prière au lecteur de bien tenir compte de ce sous-titre et de ne voir ici qu'une boutade, une simple boutade, avec un grain de vérité. L'aviation est un mouvement admirable, provoquant chaque jour d'admirables dévouements. La France « vole » au premier rang. Et l'auteur est trop bon Français pour trouver là matière à raillerie.

tille la pointe de sa barbe, et les poings sur les
hanches :

— Ils nous embêtent, à la fin! J'en ai soupé,
moi, des scientifiques, des inventeurs, de tout
le tremblement! Ils sont en train de nous faire
un globe inhabitable, entends-tu? inhabitable!
Ils détournent ou empoisonnent les rivières;
ils percent le flanc des montagnes; ils « funi-
cularisent » les glaciers; ils couvrent le sol
d'usines, de manufactures, de constructions
monumentales et hideuses; ils s'amusent à tout
enlaidir... Poteaux et fils télégraphiques, télé-
phoniques, électriques, toute la boutique en
ique... Affiches grotesques qui commercialisent
et ridiculisent la nature... Sur la mer, au lieu
des fins voiliers d'autrefois, ils fichent les cuirassés géants, les torpilleurs tortillants, les
canots à pétrole assourdissants... Et cependant,
je veux bien encore admettre tout cela...
Comme tu dis, c'est le Progrès, et il faut une
proie quotidienne à cette hydre insatiable...
En somme, s'il a fait des choses embêtantes
pour nous autres, le Progrès, il en a fait aussi
de grandes et de belles... Mais, jusqu'à ces dernières années, en dépit de tentatives heureu-

sement malheureuses, depuis le nommé Icare, il nous restait encore une chose admirable, sacrée, presque inviolée encore; une chose que les hommes ont toujours adorée, vers laquelle leurs yeux se tournèrent toujours, dans la douleur comme dans la joie; une chose qui était à tout le monde, le refuge de tout le monde, la consolation de tout le monde; une chose que le bon Dieu a jetée sur nous du haut des espaces comme un manteau impalpable et infini; il nous restait le ciel!... Le ciel, avec ses aurores candides, ses midis somptueux, ses crépuscules rêveurs; le ciel, avec ses colères et ses tendresses, ses mélancolies et ses gaietés; ciel d'hiver, où flottent les crêpes et les larmes; ciel de printemps aux pudeurs de vierge; ciel d'été, plein de gros nuages frangés de soleil; ciel d'automne, traînant son bleu déjà pâli sur les masses jaunissantes des bois; ciel tragique, joyeux, boudeur, jovial, terne, calme, indécis, tumultueux, funéraire, cocasse, pleureur; ciel parisien, normand, provençal, italien, hollandais, celui que tu voudras, enfin! mais toujours beau, toujours nouveau, toujours aimé... Oui, il nous restait le ciel... Et, peu à peu, voici

qu'ils y grimpent, qu'ils s'y installent, qu'ils
en font un champ de manœuvre... Eh! bien!
non! non! J'en ai assez, moi, et je proteste,
dût-on me traiter de vieille croûte, comme on
commence à le faire déjà de mes tableaux...
Qu'on nous laisse au moins notre ciel!

— Oui, certainement, hasardé-je; je suis de
ton avis au point de vue artistique. Mais au
point de vue du développement humain, du
courage individuel? N'est-il pas émouvant
de voir de pareilles dépenses d'énergie, de
volonté? N'admires-tu pas ces officiers, ces avia-
teurs qui...

— Ne pas les admirer? il faudrait être une
brute... Si! je les admire de toute mon âme
et, comme Français, je suis bigrement fier
d'eux... Mais, comme artiste, je voudrais que
cette énergie inépuisable fût employée ailleurs.
Il y a assez à faire sur la terre, que diable!..
On vient de découvrir le second pôle. Ça,
c'est embêtant, parce que cette découverte
occupait beaucoup, et depuis longtemps...
C'était un but mystérieux et aguicheur pour
toutes ces activités, toutes ces énergies qui, je
ne sais pourquoi, éprouvent le besoin de se

dépenser maintenant plus que jamais... Oh!
ce qu'il y a d'énergie dans l'air, au commencement du xxᵉ siècle! Ce que ça se porte,
l'énergie!.. Mais voyons, voyons, il y a bien
encore de quoi les occuper, toutes ces énergies débridées... Que de pays inconnus, inex-
plorés!... A vue de nez, combien de temps
penses-tu qu'il faille pour connaître toute la
terre, dans les coins, comme je connais mon
atelier?.. Un siècle, hein? Mettons un siècle!
Et pour coloniser tout cela ensuite, une bonne
colonisation premier choix? Un siècle et
demi. Ça nous fait donc deux siècles et demi.
C'est gentil, on peut souffler... Eh bien!
qu'ils s'occupent à ça, pendant deux siècles
et demi, les énergiques, les scientifiques...
Mais sabre de bois! qu'ils ne touchent pas à
notre ciel!

— Voyons, calme toi! Ce ne sera peut-être
pas si laid que tu crois... En imitant la forme
de l'oiseau...

A ces mots, Vercotte devient tout à fait
rageur et, se promenant à travers l'atelier,
lançant des phrases aussi ardentes que peu
enchaînées :

— Imiter l'oiseau!.. Mais c'est monstrueux!
Si ingénieuse qu'elle soit, une machine n'est
jamais que la caricature d'un être vivant...
Quoiqu'on invente, ce sera toujours du truqué...
La nature leur fera la nique, et en grand. Mais
songe donc à ce qu'ils auraient gueulé, tous
nos grands maîtres du bon temps, si, pendant
qu'ils étaient bien gentiment en train de faire
une étude, ils avaient vu soudain la voûte
céleste se remplir de toutes ces machines qui
ont l'air, soit d'animaux mal dessinés, soit de
wagons à marchandises ouverts par le milieu,
— une vraie dégringolade de jouets à quinze
sous pour géants, quoi! Pense à Daubigny
voyant ça se refléter dans un papillotement de
rivière! au père Corot voyant ça bourlinguer
dans la suavité rêveuse d'un crépuscule! à
Rousseau apercevant ça entre deux chênes de
sa forêt sacro-sainte! Mais ils en auraient brisé
leurs pinceaux, ces grands bonzes, et ils n'auraient plus voulu peindre, jamais, jamais!...
Tu me répondras peut-être qu'on y a mis déjà
pas mal de choses dans le ciel, par exemple
les aéorostats, les ballons... Mais c'est loin
d'être laid, les ballons... C'est joli même,

avec de beaux reflets dans le soleil... Ça file
gentiment, sans bruit, au *vent-comme-je-te-
pousse*... Ça garde quelque chose d'enfantin,
de coco, comme les cerfs-volants. C'est presque
naturel, au moins, ça n'a pas de mécanique
dans le ventre... Et puis, vois-tu, il y a une
chose qui nous les fait aimer les ballons, les
respecter même, nous, les vieux d'aujourd'hui,
les jeunes de 70, pendant le siège de Paris...
C'est le départ de Gambetta à Montmartre,
dans un méchant ballon de quatre sous, la
nuit, pour traverser les lignes allemandes et
aller organiser la résistance en province...
On dira tout ce qu'on voudra, c'était chic, ça,
c'était grandiose... Ça, vous avait quelque chose
de crâne, d'héroïque... Tu t'en souviens, hein,
de cette nuit là? Notre bataillon de mobiles
avait passé la nuit aux avant-postes... notre
compagnie était de grand' garde... Quand le
matin nous revînmes dans nos cantonnements,
on apprit la nouvelle... Ce fut une joie, un
enthousiasme!.. Gambetta — que beaucoup
de nous n'aimaient guère — devenait subite-
ment un grand homme... La province allait se
lever en masse, tendre la main à Paris... Les

Prussiens seraient pris entre deux feux, anéantis jusqu'au dernier... La France était sauvée... Hélas !

*
* *

Mon vieux camarade reste une minute songeur. Puis, résolument :

— Écoute!... Tout ça, c'est du passé, de l'enterré. Pensons au présent, à l'avenir. Depuis quelque temps, je rumine une idée. On fonde, à tout bout de champ, un tas de ligues pour ou contre quelque chose... C'est une manie... Mais ça fait passer le temps... Eh bien, veux-tu que nous fondions une ligue pour la Défense du ciel? Il y a déjà une société de Protection des paysages français... Elle s'occupe du plancher... Nous nous occuperons du plafond... Comment nous y prendrons-nous? Je n'en sais fichtre rien! Mais fondons toujours, nous construirons après... Et peut-être arriverons-nous un peu, un tout petit peu, à protéger notre ciel, le ciel sacré, cette noblesse de la terre !

Sur son bureau, il prend une grande feuille de papier, écrit en tête : *Ligue pour la défense du ciel*, signe et me tend la plume. Comment résister à un tel homme?..

Mesdames et Messieurs, la L. P. L. D. D. C. est fondée. Jusqu'ici, elle compte deux adhérents. Entre nous, j'ai idée que ce seront les seuls...

1910.

TROIS ESQUISSES

17.

M. CAMILLE DOUCET

Lentement, lentement, sous un ciel gris et bas que le soleil ne parvenait pas à percer, le long cortège funèbre avait traversé les quartiers populeux, et, parti de Saint-Germain-des-Prés, arrivait au Père-Lachaise. Sur tous les visages se peignait cette fatigue spéciale qu'on pourrait dénommer « fatigue des enterrements », d'origine toute physique, et causée, en dehors de l'émotion et de la tristesse, par le désheurement du déjeuner, l'attente à la maison mortuaire et à l'église, l'impression déprimante des tentures noires, de la foule noire, des orgues tonitruantes ou plaintives, des fadeurs d'encens mêlées aux humides senteurs de fleurs qui se fanent... Oui, chacun de nous était las en arrivant au cimetière, et

les vivants faisaient triste figure en ce séjour
des morts.

Mais cette lassitude, l'homme excellent que
nous conduisions à sa dernière demeure l'avait
maintes fois ressentie lui-même, au cours de
sa longue carrière, et, par une délicatesse
in extremis, avait tenu à l'abréger pour les
autres. Son testament portait qu'aucun discours
ne serait prononcé sur sa tombe. En manifes-
tant cette volonté, il cherchait une fois encore
à être aimable et bon. Telle avait été la règle
de sa vie. Il voulait y demeurer fidèle, même
quand sa vie serait éteinte.

A cette bonté, à cette courtoisie, toute la
presse a rendu hommage. La phrase banale :
« Le connaître, c'était l'aimer », si souvent et
trop souvent prodiguée, pouvait s'appliquer à
lui en toute vérité. M. Doucet était aimé, très
sincèrement aimé. Et il l'eût été encore davantage si sa bonté avait été moins discrète, s'il
n'avait eu comme une coquetterie jalouse à
cacher le bien qu'il faisait. La liste de ses
obligés est longue ; elle le serait bien plus si
tous ceux qu'il obligea avaient mis autant de
soin à proclamer le bienfait qu'il en mettait

lui-même à le dissimuler. Mais la bonté,
lumière de l'âme, a son rayonnement fatal et
continu. Quelque soin qu'on prenne pour l'atté-
nuer, il s'étend quand même, et les plus scep-
tiques n'en peuvent méconnaître l'éclat. Aussi,
en quittant le cimetière, chacun avait-il la sensation d'y laisser la dépouille mortelle d'un
parfait ami, d'un honnête homme, d'un homme
de bien...

Quand le souvenir nous revient des êtres
disparus, c'est dans leur cadre familier que leur
forme se dresse et se précise. Pour M. Doucet,
ce cadre fut l'Académie. Le voici, les jours de
séance publique, assis au bureau. Voici sa
figure aimable, aux joues soigneusement
rasées, à la coloration un peu vive atténuée
par une jolie clarté de cheveux d'argent. Fri-
leux à l'excès, surtout pendant les dernières
années, il a conservé sa pelisse de fourrure,
dont le large col l'encadre. A peine assis,
il reconnaît les têtes amies dans l'assistance;
il leur sourit, et ce sourire semble dire :

« Bonjour... merci d'être venus... vous ne le regretterez pas... une jolie séance... vous verrez... vous verrez... » Et ce bon sourire met comme un point lumineux dans la salle sévère, d'une tonalité grise, d'un ensemble vieillot et guindé, mais imposant par cela même et gardant sa note personnelle parmi les ruines et les changements perpétuels des temps...

Comme on revoit sa figure, on entend encore sa voix. Elle n'était pas très puissante, mais malgré l'âge, elle était demeurée claire. Il lisait à merveille et avait le don rare de savoir se faire écouter. On l'a dit et on ne saurait trop le répéter : ses rapports annuels étaient des modèles de lucidité et d'esprit. Et quelle tâche monotone, cependant! Quelle nomenclature interminable et sèche de prix et de récompenses! En tout cela il savait mettre de la variété, de la grâce même. Sur ce plat vulgaire, il jetait, d'une main expérimentée, des pincées de ce condiment académique, moitié sucre et moitié sel, dont il avait une réserve inépuisable. Mais sa naturelle bienveillance le guidait, et dans cette savante mixture, les

grains de sel entraient en proportion moindre
que les grains de sucre.

Le voilà encore à l'Institut, mais dans un
cadre plus intime, dans son cabinet de travail.
Bien exigu, ce cabinet, et bien modeste. Dans
le jour blanc de la fenêtre, un large bureau
encombré de livres et de papiers ; sur le buvard
quelque lettre qu'il finit d'écrire, de sa grosse
et claire écriture, qu'on eût dit empruntée à
un manuscrit du commencement du XIX° siècle.
Vivement, en vous voyant entrer, il sable les
caractères humides — car il était demeuré fidèle
à cet usage quelque peu suranné ; il se lève,
vient à vous, vous fait asseoir près de la cheminée, met une bûche au feu, s'assied à son
tour, se frotte les mains, les allonge vers la
flamme. Tout cela avec les allures d'un très net
et très charmant notaire de comédie recevant
un client. Et la causerie s'engage, intime, familière, jamais violente, comme apaisée, au
contraire. Qu'on n'entende pas par là que
M. Doucet fût un « bénisseur » ! L'eau bénite
qu'il distribuait était de bonne qualité, et s'il
aimait beaucoup de gens, il n'aimait pas tout
le monde. Il avait, au contraire, des aversions

marquées et ne les dissimulait point. Mais ces
aversions étaient toujours justifiées et ne nais-
saient pas à la légère. Il a, paraît-il, laissé des
Mémoires. S'ils sont un jour publiés, on y verra
son opinion sur bien des gens. On peut garantir
à l'avance qu'elle sera toujours modérée et que
s'il ne dit pas de quelqu'un tout le bien qu'il
en eût voulu dire, il ne fera pas connaître
davantage tout le mal qu'il avait le droit d'en
penser.

Jusqu'à la fin de sa vie, ses grands plaisirs
ont été le monde et le théâtre. M. Doucet était
mondain. Il aimait les dîners en ville, les
réceptions élégantes. Il était resté galant près
des femmes qui appréciaient sa courtoisie, son
parfait bon ton, sa conversation légère et
variée. Les hommages d'un vieillard aimable
ne sont pas sans charmes pour elles et le
désintéressement même de ces hommages le
rend parfois plus précieux. Elles en savourent
le plaisir sans en craindre le danger, et elles
ouvrent plus aisément leurs âmes à un homme
qu'une longue existence a su rendre béné-
vole et tolérant.

Quant au théâtre, M. Doucet l'adorait. C'était

une joie pour lui « d'aller au spectacle », comme on disait de son temps, et comme il continuait de dire. Il assistait à toutes les premières représentations. Pendant les entr'actes, dans les couloirs, il courait de l'un à l'autre avec son allure vive, un peu nerveuse. Il rendait visite dans les loges amies; il donnait son opinion sur la pièce, indulgent pour les faiblesses, exaltant les qualités. Il n'était pas de l'école des petits féroces qui exécutent en une soirée l'œuvre conçue parfois avec tant de peine et tant de temps en la déclarant « au-dessous de tout! » ce qui est bientôt dit et ne coûte guère à dire. Il savait, par expérience, qu'il faut se défier d'un jugement trop hâtif et que le public, le vrai public, celui qui donne son argent pour écouter la comédie, ne ratifie pas toujours l'opinon de la première heure et trouve son plaisir là où d'autres n'ont pas su ou voulu prendre le leur. Et en cela, comme en toutes choses, il était conséquent avec lui-même et mettait en pratique sa jolie maxime que Jules Claretie citait dernièrement :

« A quoi sert de haïr? Il est si facile d'aimer! »

*
* *

Cette faculté d'aimer, M. Doucet l'a appliquée
passionnément à l'Académie. Après sa famille,
si digne et si unie, après quelques-uns de
ses amis, l'Académie fut sa grande tendresse.
Il pensait constamment à elle, il lui consa-
crait tout son temps avec joie. Elle était pour
lui comme une maîtresse aimée et admirée,
une « liaison » qui doit durer toujours et que
le temps a légitimée. Quand, à l'issue d'une
séance de réception, les amateurs de ces joutes
pacifiques venaient le trouver dans son appartement et s'extasiaient sur l'excellence des discours, une satisfaction réelle se peignait sur
son visage, on le sentait heureux pour *son*
Académie de la victoire remportée. Si, par
contre, la séance avait été quelque peu terne, il
en était contrarié et semblait presque s'en
excuser personnellement.

Tout ce qui touchait de près ou de loin à
l'Académie était pour lui d'un intérêt sans cesse
renouvelé. Assidu aux réunions de la Compagnie, excepté pendant les quelques semaines
d'été qu'il passait d'ordinaire à Trouville, il

prenait part à toutes les délibérations, donnait, à toute occasion, son avis sage et pratique. C'était, en effet, un esprit très clair, qui ne s'égarait pas en spéculations vaines et allait droit au but. Quelque chose était resté en lui de l'avoué qu'il pensait être à l'aurore de sa vie. Cet esprit net était aussi un esprit indépendant. On sait que M. Doucet faisait partie du petit groupe dévoué à la candidature d'Émile Zola. Plus d'une fois, il m'a parlé de l'auteur de *l'Assommoir*. Je crois, à la vérité, qu'il admirait son œuvre plus qu'il ne l'aimait; elle semblait quelque peu violente et aveuglante à une nature de demi-teinte comme la sienne; mais l'homme avait conquis ses sympathies, et M. Doucet demeura longtemps fidèle à cette candidature tranquillement obstinée.

Il fut le secrétaire perpétuel idéal. Les prix à attribuer, les candidats à nommer, les rapports à faire, les lectures à entendre, tout cela était pour lui le constant souci et la joie constante. Ces bavardages, ces intrigues ténues qui, pareilles à des abeilles en quelque colossale ruche, bourdonnent sous la coupole de l'Institut, l'intéressaient, le passionnaient. D'aucuns en pourront sourire. Il me semble, au contraire, qu'il faut estimer et envier ce vieillard si assidu à sa tâche, remplissant avec tant de ponctualité et d'ardeur la charge confiée, prenant même au sérieux les frivolités qui forcément se glissent en toute compagnie d'hommes, fussent-ils parmi les plus distingués et les meilleurs. Tous ceux qui ont conservé le respect de l'Académie, tous ceux qui, en dépit des démolisseurs, trouvent qu'elle fut et reste une de nos plus pures gloires françaises, tous ceux-là ne peuvent lui souhaiter mieux, pour remplacer M. Doucet comme secrétaire perpétuel, que de trouver toujours, dans la suite des années, un homme ayant les qualités, les vertus de M. Doucet.

Il me semble que, sans assigner à ses pièces aimables une place supérieure à celle que leur auteur ambitionnait pour elles, — et Dieu sait s'il était modeste sur ce point! — on a été généralement quelque peu sévère à leur endroit, ou, disons mieux, insuffisamment indulgent.

Il est fort malaisé pour les gens d'une génération de juger les œuvres des générations précédentes, surtout quand ces œuvres ne remontent pas très loin dans le passé et sont presque d'hier encore ou d'avant-hier. Si paradoxale que cette opinion paraisse, on peut dire que le recul du temps les rend moins lointaines et que plus elles sont anciennes, plus elles semblent jeunes. Feuilletez un recueil de toilettes féminines : ce sont les plus récentes, j'entends celles qui remontent à trente ou quarante années, qui sont les plus bizarres et les plus démodées. Elles n'ont pas encore pénétré dans le domaine de l'histoire ; on ne les a pas encore classées « costumes ». En les regardant, ou trop compliquées ou trop simplettes, on s'étonne que, semblablement affublées, les femmes aient pu paraître jolies, aient inspiré la passion ou même le caprice. Et cependant nos pères ont aimé autant que nous aimons nous-mêmes, plus peut-être ; et comme on admire tout dans l'objet aimé, ils ont très sincèrement apprécié ces toilettes qui, aujourd'hui, nous semblent hors d'âge. N'en va-t-il pas de même pour les comédies de M. Doucet ?

Pour les juger impartialement, pour apprécier leurs qualités moyennes, mais très françaises et de bon aloi, il faudrait se faire une
âme contemporaine de 1850 ou 1860. A cette
époque, n'en doutez point, nous eussions
applaudi le *Fruit défendu*, le *Baron Lafleur*
ou *la Considération*. Nos pères y ont pris
plaisir : daignons leur accorder quelque goût,
ne fût-ce que par simple respect.

Quant aux vers plats, au vers prosaïques
qu'on s'est plu — avec une malignité trop
aisée — à relever dans le théâtre de M. Doucet,
ils sont l'écueil forcé du genre. Les comédies
d'Augier et de Ponsard en sont pleines, pour
ne parler que de ces deux auteurs, et en laissant
de côté les Étienne, les Andrieux, les Collin
d'Harleville, et tout le répertoire de second
ordre de la fin du xviiie siècle. C'est même cette
insurmontable difficulté à exprimer poétique-
ment — ou même élégamment — des détails
vulgaires, qui semble avoir porté un terrible
coup à la comédie moderne en vers. Ce coup
est-il mortel et faut-il mettre un « ci-gît » défi-
nitif sur ce genre soi-disant enterré? C'est
aller un peu vite en besogne. Qui peut jamais

affirmer qu'une forme d'art est définitivement aboli? Parfois, dans l'âtre qu'on croit éteint, sommeille, sous les cendres chaudes, quelque tison qu'un souffle opportun va ranimer. Un homme peut venir qui rendra à la comédie moderne en vers, l'éclat qu'elle a perdu. Et il me semble que ce doit être le souhait des esprits délicats qui trouvent un charme aux tours ingénieux de la pensée, à la sertissure habile des mots, à l'imprévu des rimes, à la bonne humeur, à tout ce qui sans doute n'est pas la grande et pure beauté de l'Art, mais en est du moins la grâce et le sourire.

Avril 1895.

A MADEMOISELLE JULIA BARTET

SOCIÉTAIRE DE LA COMÉDIE-FRANÇAISE.

— Donc, mademoiselle, vous avez consenti ! La revue *Les Lettres et les Arts* [1] vous en remercie et moi plus encore que la revue.

— Consenti ? Consenti à quoi ?

— A laisser faire votre portrait.

Je vois déjà mon lecteur sourire : « Tant de façons ! Une actrice ! Allons donc ! vous vous moquez !... » Je l'entends d'ici.

Mon lecteur se trompe. Il ne connait en vous que la comédienne célèbre, adorée du public : la femme lui échappe.

1. Très belle et très artistique revue, qui parut de 1886 à fin 1889. Éditeurs : Boussod et Valadon, successeurs de Goupil. Directeurs successifs : MM. Anatole France et Frédéric Masson. Elle était publiée simultanément en français et en anglais, à Paris, Londres et New-York, par fascicules de 120 pages, in-4°, avec au moins trente gravures. Elle coûtait 300 francs par an. La collection en est devenue fort précieuse.

Il ignore qu'en l'an de grâce 1886, il y a en France — que dis-je, à Paris! — une créature humaine, plus encore, une artiste, qui a le bruit et la réclame en horreur; aime le travail pour les jouissances qu'il lui donne, sa carrière pour l'intérêt qu'elle y trouve, le succès pour les encouragements qu'elle y puise; une artiste qui regarde devant elle et non autour d'elle; ne cherche pas à encombrer l'univers de sa personnalité; ne se répand pas en photographie à tous les étalages; se considère comme chez elle une fois chez elle et — n'était sa politesse exquise — jetterait la porte au nez de tout reporter ou interviewer tâchant de la forcer; il ignore tout cela, mademoiselle, et que cette artiste, c'est vous.

Cette fois, cependant, vous avez fait exception à vos habitudes de modestie. L'offre était bien tentante, il est vrai. Peu de gens, que je sache, y eussent résisté. Être *croquée* par Madeleine Lemaire! C'était la tentation d'Ève, à rebours. Comme notre grand'mère, vous avez cédé. Laissez-moi vous affirmer, pour rassurer votre conscience inquiète, que les conséquences de cette faiblesse seront moins graves et pèseront moins lourdement sur l'avenir de l'humanité.

* *

Le voilà devant moi, ce portrait pimpant, gracieux, adorable, vous jetant sous mes yeux toute frémissante et toute vraie. Et c'est moi maintenant qui hésite, qui tremble. A quoi bon la plume? Le pinceau n'a-t-il pas tout exprimé? N'a-t-il pas suivi avec complaisance les contours de ce corps élégant dont la gracilité n'est pas de la maigreur? N'a-t-il pas jeté en avant ce pied fin, cambré, qui, comme tous les pieds de nos parisiennes — dont vous êtes — a sa physionomie, sa vie, pour ainsi dire, et devient un trait important dans l'ensemble féminin? Ne s'est-il pas plu, ce pinceau habile, à rendre toutes les délicatesses de cette tête mignonne, bien posée sur un cou délicieusement long et souple? Et cette bouche ferme, à qui la lèvre inférieure, un peu tombante, donne une expression de fierté confinant presque au dédain? Et ce joli nez volontaire, palpitant, inquiet? Et ces petites oreilles légèrement pointues, curieuses, écoutant toujours? Et ces cheveux fantaisistes de couleur autant que d'allures, frisottant sur les tempes, sur la nuque, partout? Et ces yeux, enfin, ces yeux aventurine, d'un émail brillant, ayant à la fois le charme des grands yeux et la flamme des petits, — doux et spirituels, rêveurs et malicieux? Tout cela n'a-t-il pas été saisi, rendu, affiné encore par le talent de l'artiste?

Bien réduite, dès lors, est la tâche de l'écrivain. Le moral seul lui reste. Passons donc au moral.

Votre main, s'il vous plaît, mademoiselle. De la chiromancie! Pourquoi non? Notre cher et grand maître Alexandre Dumas y croit bien. Je suis certain qu'il me permettra, malgré mon indignité, de *lire* un peu la main de *Denise*.

Doigts fuselés et non spatulés : tendances artistiques, amour de l'idéal.

Phalanges unies, sans nodosités. Hé! Hé! mademoiselle, si vous manquez quelque peu d'ordre, vous manquez encore plus d'économie. Entre vous et Harpagon il y a tout un monde. Vous êtes plus que désintéressée : vous êtes prodigue. Soyez-le donc! mais de votre talent seulement. Nous y gagnerons tous, et vous, vous n'y perdrez rien!

Ligne de vie médiocre dans une main,

superbe dans l'autre. Le bien l'emporte toujours sur le mal... en chiromancie. Votre vie sera longue, très longue. Qui sait? un jour peut-être jouerez-vous les mères nobles!

Bonne ligne de tête. Suite et clarté dans les idées. Rectitude de jugement, sens droit, presque masculin.

Ligne de cœur plus tourmentée. Votre nature vibrante sent trop profondément pour ne pas souffrir beaucoup et souvent. Ne le regrettons que pour vous-même! Moins sensible, l'artiste s'amoindrirait.

Ligne de chance ordinaire. Joies et tristesses, espérances et découragements, rayons et pluie. Un temps d'avril. La vie du plus grand nombre, après tout.

La ligne du soleil est belle, par exemple. Elle dit réussite, ascension rapide au succès, à la renommée. Infaillible, voyez-vous, la chiromancie!

Je ne me trompais pas, tout à l'heure, en appliquant à votre joli nez l'épithète de volontaire : la première phalange de votre pouce me donne pleinement raison. Une volonté de fer, alors? Non, pas autant : mais un *vouloir* réfléchi, continu, persévérant, rare chez une femme.

Et, en cela, ne devons-nous pas reconnaître une fois de plus que Dumas a raison de croire, avec tant d'autres, à la science de la main? Cette puissance, cette continuité dans l'effort, ne les rencontre-t-on pas tout le long de votre carrière? Pour être ce que vous êtes aujourd'hui, vous a-t-il fallu vouloir! Que de luttes depuis votre premier pas sur la route du succès!

Vous l'avez fait brillamment, ce premier pas, dans le joli costume des filles d'Arles, votre tête délicate encadrée de la coiffe du pays, le fichu noir plissé sur les épaules, le soulier dépassant un peu votre jupe bleu-pâle... Elle était bleu-pâle, mademoiselle, je m'en souviens bien. Quelle soirée que cette première de l'*Arlésienne*[1]! Un coin de Provence sur le boulevard. Le beau soleil de là-bas — *lou soulèu que fa canta* — séduit sans doute par l'aspect méridional du nom de M. Carvalho, alors directeur du Vaudeville, lui avait envoyé par télégraphe tout un faisceau de ses rayons. On

1. *L'Arlésienne*, pièce en trois actes, en prose, d'Alphonse Daudet, avec musique de scène de Georges Bizet, représentée pour la première fois à Paris, sur le théâtre du Vaudeville, en octobre 1872.

les avait accrochés aux frises du théâtre, aux portants, aux décors, un peu partout; et quand les acteurs allaient et venaient en scène, ils semblaient se mouvoir dans une atmosphère pointillée d'or...

Ah! mademoiselle, soyez lui reconnaissante, à ce doux soleil! M'est avis que ce soir-là vous en avez dérobé une bonne parcelle qui ne vous a pas quittée depuis et, à chaque création nouvelle, faisait éclore un nouveau triomphe. Les redirai-je, ces noms glorieux? A quoi bon? Ils sont dans toutes les mémoires. En pensant à l'*Oncle Sam*, à la *Comtesse de Sommerives*, à *Fromont jeune et Risler aîné*, à *Dora*, aux *Bourgeois de Pontarcy*, à *Montjoie*, on vous revoit tour à tour gaie, rêveuse, émue, dramatique; votre silhouette fine passe et repasse devant les yeux, encadrée d'un bout de décor, éclairée d'en bas par la lumière de la rampe; et on entend votre voix très *prenante* — passez-moi le terme — quelque peu fiévreuse, faisant penser à un oiseau toujours en éveil, les ailes étendues, près de s'envoler.

Et c'est là seulement la première partie de votre carrière, celle où votre talent, si rare

qu'il fût déjà, avait encore besoin de se compléter et de s'affirmer. Quand vous êtes entrée
à la Comédie-Française, vous étiez absolument
maîtresse de vous-même et de votre public.
Vous en aviez besoin, pour cette lutte terrible
et passionnante de *Daniel Rochat!* Mais une
fois aguerrie par ce premier baptême du feu,
en avant! Et voilà, pour ne citer que quelques-
unes de vos batailles : *Ruy-Blas*, *Le gendre de
M. Poirier*, *Jean Baudry*, *l'Étrangère*, *Les
Rantzau*, *Le Roi s'amuse*, *Denise*, *Chamillac*;
— autant de victoires[1]!

C'est que, voyez-vous, outre votre puissance,
votre ardeur, votre persévérance; outre cette
chance qui vous vient du joli rayon de soleil
de l'*Arlésienne*, vous avez deux qualités maî-
tresses : la modernité et la distinction. Vous
n'êtes pas d'hier, mais d'aujourd'hui; et demain,
j'en suis bien sûr, vous serez de demain. Toujours la note juste; jamais en deçà ni au delà.
Les étrangères comprendront un peu ce que je
veux dire, les provinciales davantage, les parisiennes tout à fait. Le lendemain d'une pre-

1. Et la liste de ces victoires s'est aujourd'hui considéra-
blement augmentée, ainsi que la renommée de l'artiste.

mière, un courriériste de théâtre détaillera vos
toilettes, citera le nom de la couturière qui les
a faites. Faites, je le veux bien. Mais c'est vous
qui les avez signées.

Quant à la distinction... hum! le sujet est
délicat. Comment dire ce que je pense sans
blesser bon nombre de vos camarades? Je tour-
nerai la difficulté en rapportant un mot que j'ai
entendu sur votre compte et qui, dit par une
femme, n'en aura que plus de prix pour vous.
Dans un des salons les plus distingués de Paris,
on causait de l'*Étrangère*, et, de l'admiration
bien due à la pièce, on passait à l'éloge
des artistes.

— Oh! Bartet, s'écria une grande dame dont
l'esprit est connu de tous, adorable! divine!

Et, se tournant vers les quelques femmes qui
l'entouraient, avec une fatuité ingénue :

— C'est comme ça que nous jouerions, n'est-
ce pas?

Oui, femme du monde de la tête aux pieds.
Que Dumas vous appelle madame de Septmonts
et Feuillet madame de Tryas, peu importe le
nom! Vous donnez toujours l'impression d'une
mondaine de grande race rencontrée dans

l'après-midi même au Bois et qu'une fantaisie subite aurait poussée à monter sur les planches. Seulement, — ah! seulement — vous, vous savez jouer la comédie... et pas trop mal, en vérité.

*
* *

Mais, pour grandes qu'elles soient, toutes ces qualités seraient peu de chose si elles n'étaient complétées, animées en quelque sorte par une autre, plus puissante encore et d'un ordre plus relevé. Je veux parler de votre amour profond, sérieux, enthousiaste pour la maison à laquelle vous avez l'honneur d'appartenir.

Un jour de cet hiver, j'étais chez vous, rue de Rivoli, vers quatre heures. Je crois bien que je venais vous apporter des vers. Dieu me pardonne! Vous, vous m'avez pardonné, puisque vous les avez dits. La conversation tomba sur la crise que traversait alors la Comédie, crise toute passagère, orage d'un moment dans un ciel rasséréné aujourd'hui.

Assise devant la cheminée, vêtue d'une simple petite robe noire, vous tisonniez d'une main fiévreuse. Les paroles montaient à vos lèvres, rapides, pressées, et, vous élevant au-dessus des mesquines questions de personnes, vous me disiez combien vous déploriez cet état de choses, le bruit fait autour de ces querelles intimes qui, alors, passionnaient le public. Vous parliez de la maison de Molière avec vénération, avec tendresse. Vous souffriez réellement — et sans pose — de tout ce dont elle souffrait elle-même. On sentait vibrer en vous une foi réelle, ardente. Tout entière à votre sujet, vous oubliiez qui vous étiez, où nous étions... Les dernières lueurs du soleil couchant, à travers les arbres des Tuileries, pénétraient dans le salon où vous m'aviez reçu et y mettaient des reflets d'incendie. Les bruits de la grande ville montaient jusqu'à nous, atténués. Et moi, enfoncé dans un fauteuil, sans un mot, j'écoutais, je regardais, — et je comprenais.

Je comprenais que cette frêle enveloppe renferme une âme virile, capable de grands dévouements comme de grandes folies ; je me disais que si vous aviez vécu un siècle plus tôt, cet amour que vous ressentez si profond pour votre art et pour la Comédie-Française, vous

l'eussiez certainement voué à quelque cause
malheureuse et noblement perdue... Et, mon
imagination trottant, je croyais déjà vous voir,
en Vendée, la cocarde blanche au chapeau, les
pistolets à la ceinture, luttant avec La Roche-
jaquelein, pour Dieu et le passé...

Si moderne que vous puissiez être, mademoiselle, vous l'aimez, ce passé. Vous savez
en apprécier toute la grâce délicate et le
raffinement subtil. D'un banal appartement de
la rue de Rivoli, votre goût a fait un coin
charmant, plein de jolis bibelots arrangés avec
art. Et dans votre toilette même, n'y a-t-il
pas, presque toujours, un rappel de cette
époque que vous aimez? C'est un nœud, un
ruban, une dentelle chiffonnée de certaine
manière, une petite couronne de roses coquet-
tement posée dans les cheveux... Que sais-je,
moi? Rien peut-être, mais *ça y est* tout de
même, croyez-le bien.

Et voilà pourquoi, autant peut-être qu'à la
scène, on vous aime, dans quelque salon élégant, à la lueur douce des bougies, disant *Sur
trois marches de marbre rose* de Musset ou quelques vers discrètement émus. D'un coup, par

la magie de votre voix, on se sent transporté
en arrière, vieilli de deux cents ans... Il nous
semble, à nous autres hommes, que le stupide
frac anglais devient un bel habit à la française que le gilet en cœur se pointille de clairs
bouquets et s'agrémente d'un jabot de dentelles, et que nos jambes emprisonnées dans
le pantalon noir — nos jambes qui pourraient être belles et qui ne sont qu'utiles — nos
jambes, — ô surprise ! — délicieusement mou-
lées dans une culotte de velours et dans des
bas de soie à coins d'argent, s'agitent, se démènent, avec des espérances de menuet...

Oh ! le clinquant, les paillettes, la poudre à
la maréchale ! Donnez-nous-en, mademoiselle,
jetez-nous-en de cette poudre parfumée, répan-
dez-la à pleines mains ! Qu'elle voltige partout,
qu'elle pénètre partout, qu'elle mette autour
de nous un nuage odorant où puissent s'es-
tomper et disparaître, pour un moment, toutes
les tristesses, toutes les brutalités, toutes les
misères de la vie !

Juin 1886.

UN CHANTEUR MONDAIN
(ERNEST GIBERT)

Les morts vont vite, à Paris surtout, et voilà assurément de l'histoire ancienne. Cependant cette mort[1] a été un fait « parisien », disons même « boulevardier »; cette petite personnalité était si remuante, si vivante...

Huit jours à peine avant sa fin tragique, je causais avec Gibert. Il me racontait sa « campagne d'hiver », comme il disait. Malgré les tristesses des temps difficiles, si bien baptisés et illustrés par Forain, il n'était pas mécontent.

— Je fais maintenant les noces et contrats,

1. Le mardi gras, déjeunant joyeusement au café Riche, au premier étage, avec des amis, il s'était avancé sur la verrière de la marquise vitrée du restaurant. Cette marquise disparaissait sous un amas de confetti. Le pauvre garçon la crut solide, elle se rompit sous son poids. Chute sur le trottoir et mort instantanée.

terminait-il en riant. Mon public a changé.
Celui d'aujourd'hui est moins chic, mais il paye
bien. Après lui, j'en aurai un autre, moins
chic encore... et après... après...

Ce redoutable « après » était le souci du
pauvre garçon. Sa gaieté verveuse s'en voilait
fréquemment. Il était trop fin pour ne pas se
rendre compte combien, dans ce rôle brillant et
cruel d'amuseur, il est difficile de se renouveler.
Il se demandait s'il trouverait toujours des
auditeurs capables de l'apprécier, ne prétextant
pas du « déjà entendu » pour envoyer négli-
gemment du bout des doigts ce bravo vague et
détaché qui va moins à l'artiste qu'à la maîtresse de maison, par politesse...

Ses craintes étaient-elles fondées? Aurait-il,
en modifiant sa manière, trouvé la note nouvelle qui lui eût permis une seconde conquête
des salons de Paris? Je crois, quant à moi,
qu'il était trop ingénieux, trop avisé pour n'y
point réussir. D'ailleurs, se fût-il ou non renouvelé, il serait resté comme un gentil artiste,
diseur subtil, exquis dans son genre minuscule, un « humoriste », enfin, comme on l'a
très justement appelé, humoriste plus souriant

qu'amer, sachant associer une blague aimable
à un sens aigu de la modernité...

.

J'ai fait la connaissance de Gibert, voilà une
quinzaine d'années, dans la maison d'un magistrat de la Cour des comptes, maison brillamment et gaiement hospitalière alors, aujour-
d'hui à tout jamais fermée. La mort, les deuils
ont aussi passé par là. J'étais quelque peu noc-
tambule en ce temps, — encore une habitude
qui meurt avec les années! — et nous reve-
nions souvent ensemble, en causant, de la rue
Saint-Dominique aux boulevards.

Gibert, alors, s'occupait d'affaires de com-
mission. Il chantait seulement dans l'intimité,
en amateur, pour le plaisir. Il me disait son
rêve de renoncer au commerce, d'embrasser la
carrière d'artiste. Il m'expliquait ses projets,
me contait ses espérances; et avec quel entrain,
quel esprit pittoresque et original! Car c'était
un très amusant causeur. Oh! pas académique
pour un sou! mais ultra-Parisien, prime-sautier,
gamin, « singe » jusqu'au bout des ongles. Le

geste court et net, la voix gouailleuse, il vous
enlevait la silhouette d'un bonhomme à la façon
de Caran d'Ache, — oui, un vrai Caran d'Ache
parlé, avec les exagérations grotesques et étu-
diées de la charge, les cocasseries voulues, le
trait incisif !

Assurément, en cette très petite forme d'art,
il y avait du nouveau, du personnel. Aussi
n'hésitai-je pas à lui conseiller de suivre sa
vocation, de courir la chance. J'ignore si mon
avis fut de quelque poids sur sa décision,
mais son succès devint rapidement éclatant. Il
savait, — ô mérite rare ! — fixer l'attention
de nos Parisiennes ennuyées et décrocher le
« très bien » approbateur de nos snobs. D'un
coup, il était lancé. On le demandait, on le
réclamait dans les salons. Point de bonne fête
sans lui... Pour commencer, le programme
vieux jeu, ennuyeux, musique et monologues ;
pour finir, Gibert, l'amusement, la fantaisie, la
joie... « Nous aurons Gibert ! »

Et c'était tout un menu varié qu'il vous
servait : chansons du bon maître Nadaud
détaillées avec un art délicat ; vieilles romances
françaises fleurant bon l'iris et la bergamote ;

Malaguenas et *Habaneras* d'Espagne, vibrantes de soleil et de grelots; et surtout, surtout le répertoire du *Chat noir*, moins connu alors qu'aujourd'hui, — répertoire salé, pimenté, vous emportant l'oreille, et par cela même goûté, savouré par les femmes du monde, à qui, comme on sait, le goût fadasse et antédiluvien de la pomme ne suffit plus.

Le Chat noir à domicile! Oui, c'est là ce qui fit, pendant un temps, le très vif succès de Gibert. Excellent musicien, observateur délié, il apportait un *Chat noir pour gens du monde*, un chat noir modifié, édulcoré, dont le poil montmartrois se déshérissait en arrivant dans les parages du parc Monceau, dont la noirceur diabolique s'éclairait d'un œil de poudre de riz...

Puis venaient les imitations de rastaquouères, d'une vérité scrupuleuse, d'une verve étourdissante. En quelques minutes, il nous faisait voyager à fond de train à travers l'Europe. Le défilé commençait des Anglais bien modernes, souvent frôlés, et non de ces gentlemen de convention en ulster-matelas et favoris rouges dont on a abusé au théâtre; des Italiens frisés et pommadés, le poing sur la hanche, les yeux

blancs, soupirant un *dormi pure* sentimental...
Que sais-je encore? Toute l'Europe y passait,
et aussi l'Amérique, une vraie galerie internationale dont les portraits s'animaient et semblaient vivre, mis en lumière par la subtile
évocation de l'artiste...

Et je crois le voir encore, dans un salon
élégant, au milieu des femmes et des fleurs,
s'asseoir au piano, plaquer quelques accords,
lever au plafond sa tête large, colorée, et
attaquer joyeusement l'inévitable *En revenant
de la revue!*

.*.

Au cours rapide des événements, la mort de
ce pauvre amuseur mérite de faire réfléchir
quelques secondes, ce qui est beaucoup par le
temps qui vole.

Il a disparu d'un coup, un jour de joie
populaire, dans l'éclaboussement de la gaieté
de tous, joyeux lui-même... Il avait amusé, et
c'est en s'amusant qu'il est mort.

Une femme d'esprit me parlait ainsi de cette
fin : « Il semble qu'il y ait quelque chose de

gai en moins autour de nous ». Ah! si tous ceux que Gibert a fait rire lui gardaient un souvenir, si léger fût-il! Mais non! Ces mondaines qu'il a tant amusées étaient bien rares à ses obsèques, et sa mémoire s'est déjà évanouie, gentille et impalpable, comme un de ces fins confetti dont il est mort et qu'emportent, dans un rayon de soleil, les premières brises du printemps[1]!

Mars 1893.

[1]. Je crains fort que le nom de Gibert ne soit ignoré aujourd'hui de beaucoup de mes lecteurs. Mais ceux qui ont connu cette petite personnalité originale auront goûté peut-être quelque plaisir à en retrouver ici la légère esquisse.

TABLE

—

1103-10. — Coulommiers. Imp. Paul BRODARD. — 10-10.

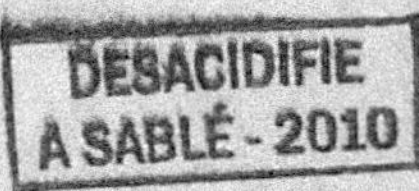

www.ingramcontent.com/pod-product-compliance
Lightning Source LLC
LaVergne TN
LVHW011907180726
843502LV00003B/629